Kompetente Auskunft zur neuen Sozialhilfe
SGB XII in aktualisierter und erweiterter Auflage

Die aktualisierte 3. Auflage beinhaltet das SGB XII-Änderungsgesetz, die Budgetverordnung, die zugehörigen Durchführungsverordnungen sowie das Verwaltungsvereinfachungsgesetz. – Eine ausführliche Darstellung der neuen Leistungssystematik mit einer synoptischen Gegenüberstellung von BSHG und SGB XII.

Horst Marburger
SGB XII – Die neue Sozialhilfe
Textausgabe des Zwölften Sozialgesetzbuches
Mit ausführlicher Kommentierung
160 Seiten, Paperback
ISBN 3-8092-7482-4   6,95 EUR

Bestellcoupon per Fax (09 41) 56 84-111

JA, ich bestelle

..... Expl. **SGB XII –**
    Die neue Sozialhilfe
    ISBN 3-8029-7482-4
        nur 6,95 EUR

Widerrufsrecht: Die Bestellung kann innerhalb von zwei Wochen nach Erhalt der Ware schriftlich beim Walhalla Fachverlag, Haus an der Eisernen Brücke, 93042 Regensburg, widerrufen werden. Zur Wahrung der Frist genügt die rechtzeitige Absendung der Widerrufserklärung oder die Rücksendung der Ware (Datum des Poststempels). Die Kosten der Rücksendung trägt der Walhalla Fachverlag, sofern der Bestellwert über 40,– Euro liegt.

Meine Anschrift

Name, Vorname

Straße

PLZ, Ort

Telefon-Nummer   Kundennummer

Datum, Unterschrift

Erhältlich in Ihrer Buchhandlung oder direkt bei

WALHALLA Fachverlag
Haus an der Eisernen Brücke
93042 Regensburg
Telefon: (09 41) 56 84-0
E-Mail: walhalla@walhalla.de
Internet: www.walhalla.de

WALHALLA FACHVERLAG

Horst Marburger

SGB II

Umsetzung von Hartz IV

Grundsicherung für

Arbeitsuchende

Kommentierte Textausgabe des Zweiten Sozialgesetzbuches

3., aktualisierte Auflage

WALHALLA FACHVERLAG

Bibliografische Information Der Deutschen Bibliothek
Die Deutsche Bibliothek verzeichnet diese Publikation in der Deutschen Nationalbibliografie; detaillierte bibliografische Daten sind im Internet über http://dnb.ddb.de abrufbar.

Zitiervorschlag:
Horst Marburger, SGB II – Grundsicherung für Arbeitsuchende
Walhalla Fachverlag, Regensburg, Berlin 2005

Hinweis: Unsere Fachratgeber informieren Sie nach bestem Wissen. Die vorliegende Ausgabe beruht auf dem Stand April 2005. Verbindliche Rechtsauskünfte holen Sie gegebenenfalls bei Ihrem Fachanwalt für Sozialrecht ein.

3., aktualisierte Auflage

© Walhalla u. Praetoria Verlag GmbH & Co. KG, Regensburg/Berlin
Alle Rechte, insbesondere das Recht der Vervielfältigung und Verbreitung
sowie der Übersetzung, vorbehalten. Kein Teil des Werkes darf in irgendeiner Form
(durch Fotokopie, Datenübertragung oder ein anderes Verfahren) ohne schriftliche
Genehmigung des Verlages reproduziert oder unter Verwendung elektronischer
Systeme gespeichert, verarbeitet, vervielfältigt oder verbreitet werden.
Produktion: Walhalla Fachverlag, **93042** Regensburg
Umschlaggestaltung: Gruber & König, Augsburg
Druck und Bindung: Westermann Druck Zwickau GmbH
Printed in Germany
ISBN 3-8029-7481-6

Nutzen Sie das Inhaltsmenü:
Die Schnellübersicht führt Sie zu Ihrem Thema.
Die Kapitelüberschriften führen Sie zur Lösung.

Schnellübersicht

Vorwort 7

Abkürzungen 8

Einführung: Grundsicherung
für Arbeitsuchende 9

- Abgrenzung SGB XII und SGB II 9
- Aufgaben und Ziele:
  Fördern und Fordern 11
- Regelleistung, Mehrbedarfe,
  Einmalleistungen 14
- Unterkunft und Heizung 16
- Befristeter Zuschlag 17
- Leistungen zur Eingliederung
  in Arbeit 18
- Anspruchsberechtigte Personen 21
- Zumutbarkeit 26

- Zu berücksichtigendes Einkommen.. 29
- Zu berücksichtigendes Vermögen .. 31
- Soziale Absicherung während des Leistungsbezugs 34
- Leistungsbeschränkungen 35
- Träger der Grundsicherung für Arbeitssuchende 36
- Rechtsmittel, Ombudsrat 37

Kinderzuschlag 38

Sozialgesetzbuch (SGB)
Zweites Buch (II) – Grundsicherung
für Arbeitsuchende (SGB II)[1] 43

Findex 111

---

[1] Die Durchführungsverordnungen wurden bei den jeweiligen §§ des SGB II berücksichtigt.

Vorwort

Die Reform des Arbeitsmarktes hat verschiedene Gesetze hervorgebracht. Neben dem „Gesetz zur Reform am Arbeitsmarkt", das insbesondere Vorschriften des Kündigungsschutzgesetzes und des Teilzeit- und Befristungsgesetzes änderte, gab es bis jetzt insgesamt vier „Gesetze für moderne Dienstleistungen am Arbeitsmarkt", die allgemein als Hartz-Gesetze I bis IV bezeichnet werden. Durch diese Gesetze wird die Umgestaltung des Arbeitsmarktes unter anderem dadurch zu erreichen versucht, dass die Organisation der Arbeitsverwaltung drastisch geändert wird und auch die Leistungen für Arbeitsuchende neu geregelt werden.

Sämtliche erwerbsfähige Leistungsberechtigte werden mit Wirkung ab 1.1.2005 aus der „eigentlichen Sozialhilfe" – künftig geregelt im SGB XII – herausgenommen. Ihre Ansprüche regeln sich dann nach dem neuen SGB II, das als wesentlichen Bestandteil den Grundsatz des Förderns und Forderns enthält. Es werden hier verschiedene Leistungsarten vorgesehen, insbesondere aber das Arbeitslosengeld II sowie das Sozialgeld für die Angehörigen des Arbeitsuchenden. Zwischenzeitlich sind bereits mehrere Ausführungsbestimmungen ergangen, die sowohl bei der Einführung als auch bei den abgedruckten Texten Berücksichtigung fanden.

Im Zusammenhang mit den Leistungen nach SGB II ist die ab 1.1.2005 geltende neue Sozialleistung „Kinderzuschlag" zu sehen, die in der Einführung ebenfalls erläutert wird.

Durch diese Neuregelungen ist das Sozialrecht ganz gewiss nicht einfacher geworden. Das Gegenteil ist der Fall. Deshalb ist es wichtig, auf eine Textausgabe zurückzugreifen, die nicht nur den aktuellen Gesetzestext enthält, sondern auch in einer ausführlichen Einführung auf die wesentlichen Neuregelungen verweist. Mit diesem Buch legt der Walhalla Fachverlag ein solches Werk vor, während das SGB XII (Recht der Sozialhilfe) in einer gesonderten Textausgabe – ebenfalls mit ausführlicher Einführung – behandelt wird.

Horst Marburger

Abkürzungen

ABM	Arbeitsbeschaffungsmaßnahme
ALG	Arbeitslosengeld
ALG II–V	Arbeitslosengeld II (Sozialgeld-Verordnung – ALG II–V)
AufenthG	Aufenthaltsgesetz
BA	Bundesagentur für Arbeit
BAföG	Bundesausbildungsförderungsgesetz
BKGG	Bundeskindergeldgesetz
BSHG	Bundessozialhilfegesetz
EinigungsStVV	Einigungsstellen-Verfahrensverordnung
EUR	Euro
KomtrzV	Kommunalträgerzulassungs-Verordnung
MAV	Mindestanforderungs-Verordnung
SGB	Sozialgesetzbuch
SGB II	Sozialgesetzbuch – Zweites Buch (Grundsicherung für Arbeitsuchende)
SGB III	Sozialgesetzbuch – Drittes Buch (Arbeitsförderung)
SGB V	Sozialgesetzbuch – Fünftes Buch (Gesetzliche Krankenversicherung)
SGB VI	Sozialgesetzbuch – Sechstes Buch (Gesetzliche Rentenversicherung)
SGB XII	Sozialgesetzbuch – Zwölftes Buch (Sozialhilfe)
SGG	Sozialgerichtsgesetz

Einführung: Grundsicherung für Arbeitsuchende

Abgrenzung SGB XII und SGB II

Hilfe für Bedürftige hat in Deutschland eine sehr lange Tradition. Von Sozialhilfe kann aber erst seit 1961 mit der Schaffung des Bundessozialhilfegesetzes (BSHG) gesprochen werden. Ab diesem Zeitpunkt gab es einen Rechtsanspruch auf Hilfe.

Das BSHG ist seit seines Bestehens mehrfach geändert worden. Es sah Sozialhilfe für alle hilfebedürftigen Menschen vor, wobei kein Unterschied gemacht wurde, ob es sich um jemanden handelte, der eigentlich noch in der Lage war, sein Leben durch Arbeit zu finanzieren oder um jemanden, der aufgrund seines körperlichen, geistigen oder seelischen Zustandes dazu nicht mehr in der Lage war.

Eine der Sozialhilfe vergleichbare Leistung war die Arbeitslosenhilfe, die ebenfalls nur an Hilfebedürftige gewährt wurde. Allerdings war hier zusätzlich Leistungsvoraussetzung ein ausgelaufener Arbeitslosengeldanspruch, das bedeutet, der Bedürftige hat während seines Berufslebens mindestens zwölf Monate Arbeitslosenversicherungsbeiträge bei einer Rahmenfrist von drei Jahren gezahlt. Arbeitslosenhilfe wurde also im Rahmen der Arbeitslosenversicherung gewährt, obwohl sie an sich keine Versicherungsleistung, sondern eine Fürsorgeleistung war.

Das Recht der Arbeitsverwaltung und Arbeitsförderung ist durch die so genannten Hartz-Gesetze in vielen Bereichen geändert worden. Das „Vierte Gesetz für moderne Dienstleistungen am Arbeitsmarkt" vom 24.12.2003, das in seinen wesentlichen Teilen am 1.1.2005 in Kraft trat, beseitigt hierbei die Leistung auf Arbeitslosenhilfe und führt stattdessen eine Grundsicherung für Arbeitsuchende ein. Diese wird künftig im „Sozialgesetzbuch (SGB) Zweites Buch (II) – Grundsicherung für Arbeitsuchende (SGB II)" geregelt. Im Rahmen dieser Grundsicherung werden verschiedene Leistungen gewährt.

Sowohl der Sozialhilfe – ab 1.1.2005 im SGB XII geregelt – wie auch der neuen Grundsicherung für Arbeitsuchende ist gemeinsam, dass stets Hilfebedürftigkeit vorliegen muss. Die Abgrenzung geschieht durch den Begriff der „Erwerbsfähigkeit", der im Folgenden noch näher erläutert wird. Sofern der Hilfebedürftige erwerbsfähig ist, hat er keinen Leistungsanspruch nach SGB XII, erhält also keine Sozialhilfe, sondern Arbeitslosengeld II. Die nicht erwerbsfähigen Angehörigen des Hilfesuchenden erhalten Sozialgeld zur Sicherung des Lebensunterhalts.

Grundsicherung für Arbeitsuchende

Sozialhilfe nach SGB XII erhalten somit nur noch Kinder und Erwachsene unter 65 Jahren, wenn sie zeitweise voll erwerbsgemindert sind. Hilfebedürftige Personen ab 65 Jahren und Volljährige, die dauerhaft voll erwerbsgemindert sind, erhalten Grundsicherung im Alter und bei Erwerbsminderung, die ab 2005 ebenfalls im SGB XII geregelt ist.

Eine Abgrenzung beider neuen Gesetze erläutert das nachstehende Schaubild:

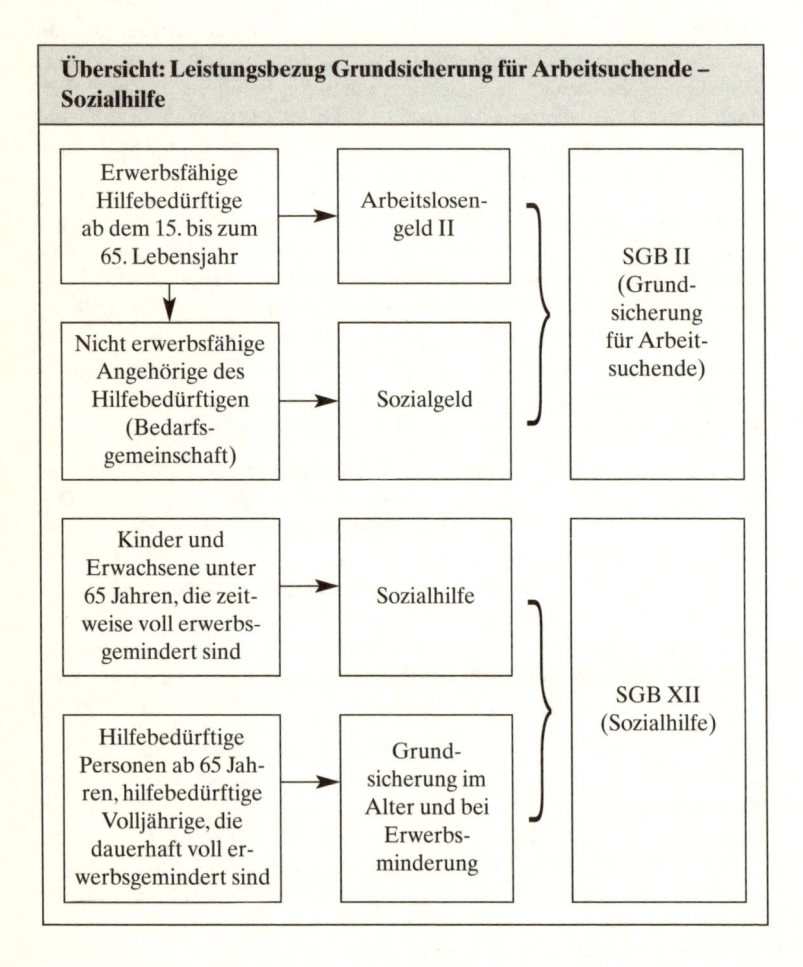

Übersicht: Leistungsbezug Grundsicherung für Arbeitsuchende – Sozialhilfe

Personengruppe	Leistung	Gesetz
Erwerbsfähige Hilfebedürftige ab dem 15. bis zum 65. Lebensjahr	Arbeitslosengeld II	SGB II (Grundsicherung für Arbeitsuchende)
Nicht erwerbsfähige Angehörige des Hilfebedürftigen (Bedarfsgemeinschaft)	Sozialgeld	
Kinder und Erwachsene unter 65 Jahren, die zeitweise voll erwerbsgemindert sind	Sozialhilfe	SGB XII (Sozialhilfe)
Hilfebedürftige Personen ab 65 Jahren, hilfebedürftige Volljährige, die dauerhaft voll erwerbsgemindert sind	Grundsicherung im Alter und bei Erwerbsminderung	

Aufgaben und Ziele: Fördern und Fordern

§ 1 SGB II bezeichnet die Aufgabe und das Ziel der Grundsicherung für Arbeitsuchende. Danach soll die Grundsicherung für Arbeitsuchende die Eigenverantwortung von erwerbsfähigen Hilfebedürftigen und Personen, die mit ihnen in einer Bedarfsgemeinschaft leben, stärken. Das Gesetz soll dazu beitragen, dass sie ihren Lebensunterhalt unabhängig von der Grundsicherung aus eigenen Mitteln und Kräften bestreiten können.

In § 1 SGB II wird weiter bestimmt, dass die Grundsicherung für Arbeitsuchende erwerbsfähige Hilfebedürftige bei der Aufnahme oder Beibehaltung einer Erwerbstätigkeit unterstützen und den Lebensunterhalt sichern soll, soweit sie ihn nicht auf andere Weise bestreiten können. Sowohl im SGB II wie auch im SGB XII wird also darauf abgehoben, dass der Hilfebedürftige so schnell wie möglich wieder ohne die Fürsorgeleistung leben kann, also wieder alleine für sich sorgt.

Die Grundsicherung für Arbeitsuchende sieht deshalb in **§ 14 SGB II** den Grundsatz des Förderns vor, das bedeutet, das SGB II beinhaltet einen Leistungsanspruch auf geeignete Fördermaßnahmen und Unterstützung.

Gewissermaßen als Gegenstück gibt es hier aber auch den Grundsatz des Forderns in **§ 2 SGB II**. Danach müssen erwerbsfähige Hilfebedürftige und die mit ihnen in einer Bedarfsgemeinschaft lebenden Personen alle Möglichkeiten zur Beendigung oder Verringerung ihrer Hilfebedürftigkeit ausschöpfen. Der erwerbsfähige Hilfebedürftige muss aktiv an allen Maßnahmen zu seiner Eingliederung in Arbeit mitwirken. Um dies zu steuern, bedient sich das Gesetz verschiedener Instrumentarien:

- der Eingliederungsvereinbarung
- der Verpflichtung zur Aufnahme jeder zumutbaren Arbeit
- der Verpflichtung zur Aufnahme von Arbeitsgelegenheiten
- Leistungsbeschränkungen (siehe S. 35 f.)

Die Eingliederungsvereinbarung (**§ 15 SGB II**) soll für jeweils sechs Monate abgeschlossen werden und insbesondere beinhalten, welche Leistungen der Erwerbsfähige zur Eingliederung erhält, welche Eigenbemühungen der Erwerbsfähige in welcher Häufigkeit zu unternehmen hat und in welcher Form diese nachzuweisen sind. Bei Bildungsmaßnah-

Grundsicherung für Arbeitsuchende

men soll auch geregelt werden, ob bei Abbruch der Maßnahme ohne gewichtigen Grund eine Schadensersatzpflicht für den Erwerbsfähigen entsteht und wie hoch diese sein wird.

Wichtig: Die Eingliederungsvereinbarung umfasst nur die Bemühungen zur Eingliederung in Arbeit, nicht aber die gesetzlich festgelegten Leistungen zum Lebensunterhalt (Regelleistungen, Kosten der Unterkunft). Welche Maßnahmen erforderlich sind bzw. Erfolg versprechen, beurteilt der zuständige Fallmanager nach seinem Ermessen. Ein Anspruch auf eine bestimmte Eingliederungsmaßnahme besteht nicht. Einen Überblick über mögliche Leistungen finden Sie in der Übersicht auf Seite 19.

Der erwerbsfähige Hilfebedürftige und die mit ihm in einer Bedarfsgemeinschaft lebenden Personen müssen in eigener Verantwortung alle Möglichkeiten nutzen, ihren Lebensunterhalt aus eigenen Mitteln und Kräften zu bestreiten. Ausdrücklich wird bestimmt, dass erwerbsfähige Hilfebedürftige ihre Arbeitskraft zur Beschaffung des Lebensunterhalts für sich und die mit ihnen in einer Bedarfsgemeinschaft lebenden Personen einsetzen müssen. Von daher muss der Arbeitsuchende jede zumutbare Arbeit annehmen.

Wichtig: Auch bisher nicht Arbeit suchende Partner der Bezieher von Arbeitslosengeld II sind nun verpflichtet, sich Arbeit zu suchen. Ihnen stehen alle Maßnahmen der Arbeitsvermittlung und Arbeitsförderung zur Verfügung. Im Gegenzug sind sie verpflichtet, jede zumutbare Tätigkeit, die ihnen angeboten wird, anzunehmen. Einen eigenen Antrag auf Arbeitslosengeld II müssen die Partner grundsätzlich nicht stellen. Der Antragsteller vertritt in dieser Hinsicht die gesamte Bedarfsgemeinschaft (**§ 38 SGB II**).

Ist eine Erwerbstätigkeit auf dem allgemeinen Arbeitsmarkt in absehbarer Zeit nicht möglich oder kann eine solche nicht gefunden werden, hat der erwerbsfähige Hilfebedürftige eine ihm angebotene zumutbare Arbeitsgelegenheit zu übernehmen (**§ 16 Abs. 3 SGB II**).

Die bereits im bisherigen Sozialhilferecht mögliche Vergabe von gemeinnütziger oder zusätzlicher Arbeit, wurde in das SGB II übernommen. Diese im öffentlichen Interesse liegenden, zusätzlichen Arbeiten werden mit einer Entschädigung für Mehraufwendungen zuzüglich zum Arbeitslosengeld II gezahlt; derzeit geplant sind Vergütungen mit bis zu zwei Euro pro Stunde (sog. Ein-Euro-Jobs, siehe dazu auch S. 27 f.).

Aufgaben und Ziele: Fördern und Fordern

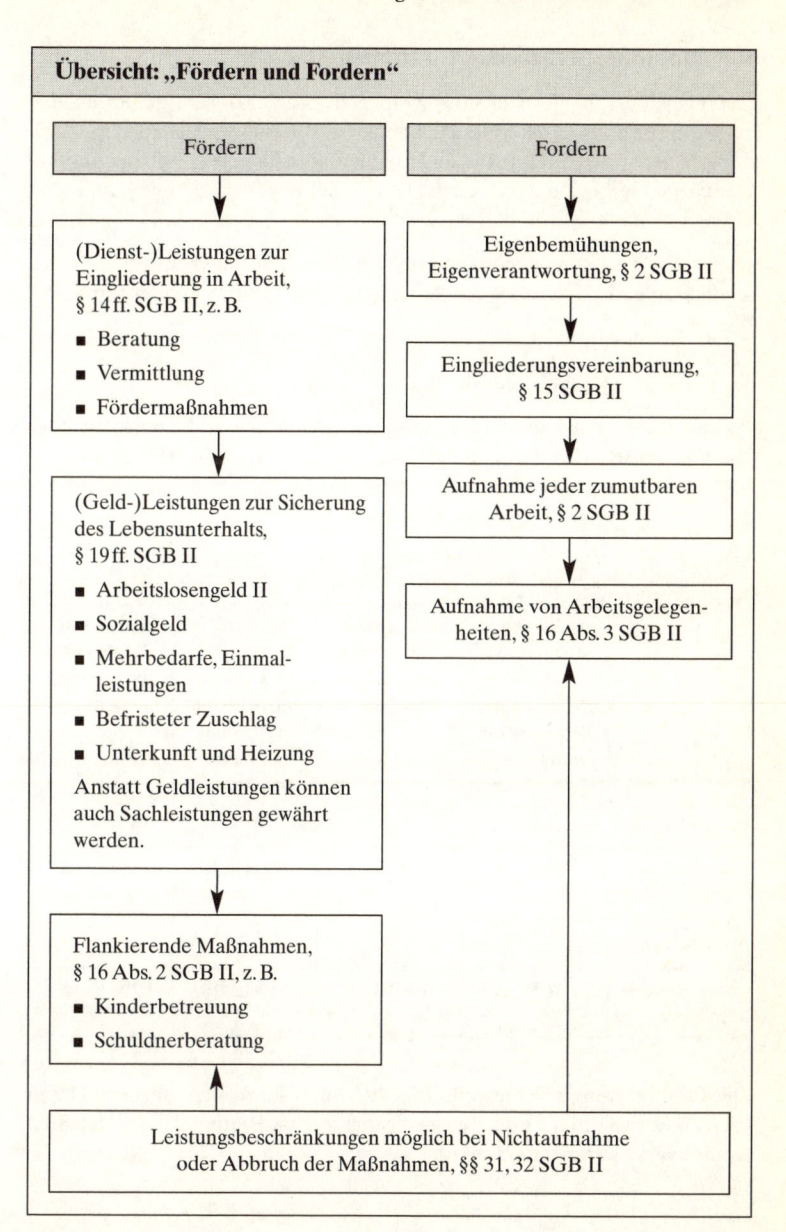

Übersicht: „Fördern und Fordern"

Fördern

- (Dienst-)Leistungen zur Eingliederung in Arbeit, § 14 ff. SGB II, z. B.
  - Beratung
  - Vermittlung
  - Fördermaßnahmen

- (Geld-)Leistungen zur Sicherung des Lebensunterhalts, § 19 ff. SGB II
  - Arbeitslosengeld II
  - Sozialgeld
  - Mehrbedarfe, Einmalleistungen
  - Befristeter Zuschlag
  - Unterkunft und Heizung

  Anstatt Geldleistungen können auch Sachleistungen gewährt werden.

- Flankierende Maßnahmen, § 16 Abs. 2 SGB II, z. B.
  - Kinderbetreuung
  - Schuldnerberatung

Fordern

- Eigenbemühungen, Eigenverantwortung, § 2 SGB II
- Eingliederungsvereinbarung, § 15 SGB II
- Aufnahme jeder zumutbaren Arbeit, § 2 SGB II
- Aufnahme von Arbeitsgelegenheiten, § 16 Abs. 3 SGB II

Leistungsbeschränkungen möglich bei Nichtaufnahme oder Abbruch der Maßnahmen, §§ 31, 32 SGB II

Grundsicherung für Arbeitsuchende

Regelleistung, Mehrbedarfe, Einmalleistungen

Die Regelleistung (Arbeitslosengeld II/Sozialgeld) zur Sicherung des Lebensunterhalts (**§ 20 SGB II**) umfasst insbesondere Ernährung, Kleidung, Körperpflege, Hausrat und Bedarfe des täglichen Lebens. In vertretbarem Umfang gehören dazu auch Beziehungen zur Umwelt und eine Teilnahme am kulturellen Leben.

Die monatliche Regelleistung beträgt für Personen, die alleinstehend oder allein erziehend sind sowie für Personen, deren Partner minderjährig ist,

- in den alten Bundesländern einschließlich Berlin (Ost) 345 EUR
- in den neuen Bundesländern 331 EUR.

Wenn zwei Angehörige der Bedarfsgemeinschaft das 18. Lebensjahr vollendet haben, beträgt die Regelleistung jeweils 90 % des vorstehend aufgeführten Betrages. Für sonstige erwerbsfähige Angehörige der Bedarfsgemeinschaft beläuft sie sich auf 80 % der Regelleistung.

Übersicht: Regelleistungen				
	Alleinstehende(r), Alleinerziehende(r), Personen mit minderjährigem Partner	Kinder bis zur Vollendung des 14. Lebensjahres	Kinder ab Beginn des 15. Lebensjahres bis zur Vollendung des 18. Lebensjahres	Partner ab Beginn des 19. Lebensjahres
Regelleistung	100 %	60 %	80 %	90 %
alte Bundesländer einschließlich Berlin (Ost)	345 EUR	207 EUR	276 EUR	311 EUR
neue Bundesländer	331 EUR	199 EUR	265 EUR	298 EUR

Die Regelleistung wird jeweils zum 1.7. eines Jahres dynamisiert. Dabei handelt es sich um die gleiche Anpassung, wie sie Renten der gesetzlichen Rentenversicherung zuteil wird.

Regelleistung, Mehrbedarfe, Einmalleistungen

Bestimmte Personengruppen erhalten über die Regelleistungen hinaus höhere Leistungen nach **§ 21 SGB II** (Mehrbedarfe):

Übersicht: Mehrbedarfe	
Werdende Mütter:	17 % der maßgebenden Regelleistung
Alleinerziehende:	36 % bzw. 12 % der maßgebenden Regelleistung je Kind (maximal 60 %)
Behinderte mit Leistung nach § 33 SGB IX:	35 % der maßgebenden Regelleistung
Bei kostenaufwändiger Ernährung aus medizinischen Gründen:	in angemessener Höhe

Bezüglich der Mehrbedarfe ist noch zu erwähnen, dass die Summe des insgesamt gezahlten Mehrbedarfs die für den erwerbsfähigen Hilfebedürftigen maßgebende Regelleistung nicht übersteigen darf.

Als so genannte Einmalleistungen können nach **§ 23 Abs. 3 SGB II** gezahlt werden, insbesondere

- Erstausstattung einer Wohnung

- Erstausstattung für Bekleidung (insbesondere bei Schwangerschaft und Geburt)

- Mehrtägige Klassenfahrten

- sonstiger unabweisbarer Bedarf, wenn weder geschütztes Vermögen vorhanden ist noch der Bedarf anderweitig (z. B. Gebrauchtmöbelmarkt, Kleiderkammer) gedeckt werden kann.

Diese Einmalleistungen können als Darlehen erbracht werden, soweit in dem Monat, für den die Leistungen erbracht werden, voraussichtlich Einnahmen anfallen. Auch eine Leistung als Sachleistung ist möglich, ebenso eine Abgeltung in Form einer Pauschale.

Für die Berechnung der Leistung gilt die Rundungsvorschrift nach **§ 41 Abs. 2 SGB II**.

Grundsicherung für Arbeitsuchende

Unterkunft und Heizung

Neben den Regelleistungen (und etwaigen Mehrbedarfen) werden auch die Kosten für Unterkunft und Heizung (in Amtsdeutsch: Kosten der Unterkunft - KdU) übernommen, § **22 SGB II**.

Wichtig: Leben mehrere Personen in einer Wohnung, so ist für die Berechnung zu ermitteln, wer zur Bedarfsgemeinschaft gehört. Nur diese anteiligen Unterkunftskosten werden dann im Rahmen der Grundsicherung nach SGB II übernommen. Anteilige Kosten von sonstigen Mitgliedern der Haushaltsgemeinschaft müssen aus den Unterkunftskosten „herausgerechnet" werden. Zur Abgrenzung von Bedarfsgemeinschaft und Haushaltsgemeinschaft siehe Seite 23 f.

Leistungen für Unterkunft und Heizung werden in Höhe der tatsächlichen Aufwendungen erbracht, soweit diese angemessen sind. Bei einer „unangemessenen" Höhe der Aufwendungen, meist weil die Wohnung zu groß ist, sind die Kosten solange zu berücksichtigen, wie es dem Hilfeempfänger nicht möglich und nicht zumutbar ist, diese (z.B. durch Umzug) zu senken. In der Regel erfolgt die Kostenübernahme aber in diesen Fällen längstens für sechs Monate. Danach werden nur noch die angemessenen Kosten übernommen, die Miete also nur noch teilweise gezahlt.

Die Angemessenheit beurteilt sich nach den individuellen Verhältnissen des Einzelfalles (z.B. Anzahl der in der Wohnung lebenden Personen, vertraute Umgebung und Nachbarschaftshilfe bei Senioren). Zudem muss bei der Beurteilung die Anzahl der vorhandenen Räume, das örtliche Mietniveau bzw. der örtliche Mietspiegel und die Wohnungsmarktsituation berücksichtigt werden. Der Leistungsträger wird sich - in Ermangelung einer für die Grundsicherung geltenden Vorschrift - auf die im sozialen Wohnungsbau bzw. im Sozialhilferecht geltenden Wohnraumgrößen beziehen. Danach wird als angemessen für eine Person 45 Quadrameter und für jede weitere Person 15 Quadrameter angesehen.

Heizungskosten sind ebenfalls in tatsächlicher Höhe zu übernehmen. Auch diese müssen angemessen sein. Sind die Heizkosten zu hoch, so muss der Hilfeempfänger zunächst angehört und aufgefordert werden, diese zu senken. Erst dann kann eine (Teil-)Übernahme der Kosten durch den Leistungsträger versagt werden.

Wichtig: Stromkosten werden nicht im Rahmen von § 22 SGB II übernommen. Diese Kosten gelten bereits als Bestandteil der Regelleistung.

Wohnungsbeschaffungskosten (z. B. Kaution, Makler) und Umzugskosten können übernommen werden. Hier muss allerdings vorher der Leistungsträger zugestimmt haben. Diese Kosten sollen übernommen werden, wenn ein Umzug auf Aufforderung des Leistungsträgers erfolgte oder ein Umzug aus anderen Gründen (z. B. Krankheit) notwendig war.

Droht eine Räumungsklage wegen Mietschulden, dann können diese darlehensweise vom Leistungsträger übernommen werden. Dadurch soll Wohnungslosigkeit und ein neues Hindernis bei der Arbeitsuche verhindert werden.

Die Zahlung der Unterkunftskosten kann auch direkt an den Vermieter erfolgen, wenn die zweckentsprechende Verwendung sonst nicht sichergestellt ist.

Ist der Hilfebedürftige Eigentümer eines Einfamilienhauses oder einer Eigentumswohnung, so ist auch hier nach den genannten Kriterien zu beurteilen, ob der Wohnraum angemessen ist. Als Obergrenze kann bei Einfamilienhäusern bzw. bei Eigentumswohnungen eine Wohraumfläche von 130 qm angenommen werden. Zur Auswirkung von Eigenheimen auf die Vermögensanrechnung siehe Seite 31.

Bei Immobilieneigentümern können die Leistungen nach § 22 SGB II auch etwaige Hypotheken- bzw. Schuldzinsen, die Grundsteuer bzw. Grundabgaben und Wohngebäudeversicherungen umfassen. Nicht übernommen aber werden Tilgungsraten eines Bauspardarlehens, da dieses als Vermögensbildung gilt.

Wichtig: Bezieher von Arbeitslosengeld II und Sozialgeld sind vom 1. 1. 2005 an vom Bezug von Wohngeld ausgeschlossen.

Befristeter Zuschlag

Wird Arbeitslosengeld II innerhalb von zwei Jahren nach dem Ende des Bezugs vom „normalen" Arbeitslosengeld gewährt, erhält der Betroffene in diesem Zeitraum einen monatlichen Zuschlag (**§ 24 SGB II**). In den ersten zwölf Monaten sind dies 2/3 des Unterschiedsbetrages zwischen dem festgestellten Bedarf der Bedarfsgemeinschaft und dem zuletzt bezogenen Arbeitslosengeld und erhaltenem Wohngeld.

Grundsicherung für Arbeitsuchende

Die Zuschlagshöhe ist begrenzt und beträgt höchstens 160 EUR (Alleinstehender) bzw. 320 EUR (Paare) sowie höchstens 60 EUR pro minderjährigem Kind.

Ab dem 13. Monat wird dieser Zuschlag um 50 % der Höhe des ersten Jahres vermindert.

Wichtig: Änderungen nach der Bedarfsberechnung (z. B. Geburt eines Kindes, Tod eines Mitglieds einer Bedarfsgemeinschaft) führen nicht zu einer Neuberechnung des befristeten Zuschlags.

Bei einer Unterbrechung der Hilfebedürftigkeit (z. B. durch eine befristete Tätigkeit) lebt der Anspruch auf den Zuschlag wieder auf, wenn die 2-Jahres-Frist noch nicht abgelaufen ist.

Für die Dauer einer Leistungsbeschränkung nach **§ 31 SGB II** entfällt der Zuschlag ganz.

Beispiel:

Ein alleinstehender Arbeitsloser erhält zuletzt ein Arbeitslosengeld von monatlich 1 600 EUR einschließlich Wohngeld. Der Bedarf nach SGB II beläuft sich auf 850 EUR (345 EUR Regelleistung und 405 EUR Leistungen für Unterkunft und Heizung).

Die Differenz zwischen Arbeitslosengeld I und Arbeitslosengeld II beträgt 750 EUR, 2/3 hiervon sind 500 EUR. Allerdings beträgt der Zuschlag höchstens 160 EUR. Dieser Höchstbetrag kommt hier zur Anwendung. Ab dem 13. Monat wird der Zuschlag nur noch in Höhe von monatlich 80 EUR gewährt.

Leistungen zur Eingliederung in Arbeit

Für Erwerbsfähige stehen Eingliederungsleistungen des SGB III (Arbeitsförderung) zur Verfügung, die in **§ 16 SGB II** abschließend aufgezählt werden.

Die Erbringung dieser Leistungen steht im Ermessen des Leistungsträgers und zwar auch dann, wenn es sich nach dem SGB III um Pflichtleistungen handelt. Diese Eingliederungsmaßnahmen können auch von beauftragten (Weiterbildungs-)Trägern übernommen werden, § 421i SGB III.

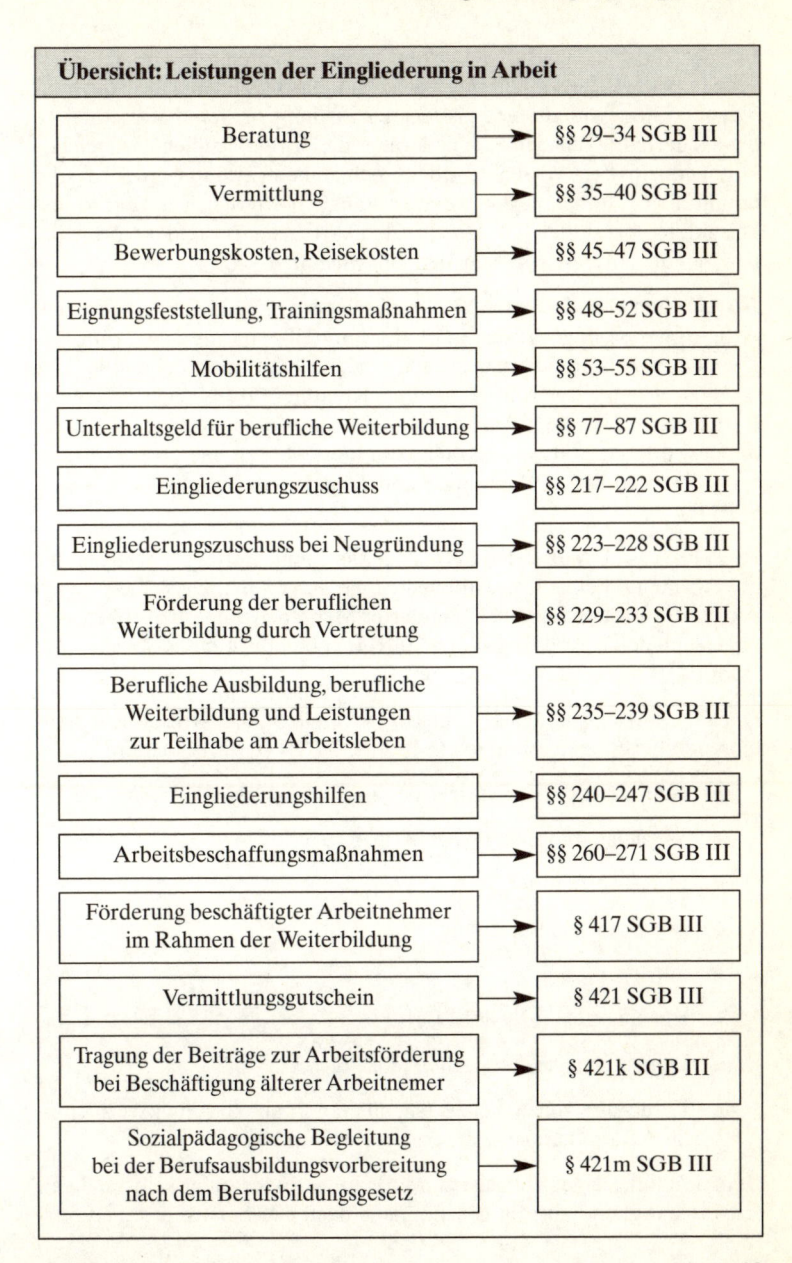

Leistungen zur Eingliederung in Arbeit

Übersicht: Leistungen der Eingliederung in Arbeit

Leistung	Fundstelle
Beratung	§§ 29–34 SGB III
Vermittlung	§§ 35–40 SGB III
Bewerbungskosten, Reisekosten	§§ 45–47 SGB III
Eignungsfeststellung, Trainingsmaßnahmen	§§ 48–52 SGB III
Mobilitätshilfen	§§ 53–55 SGB III
Unterhaltsgeld für berufliche Weiterbildung	§§ 77–87 SGB III
Eingliederungszuschuss	§§ 217–222 SGB III
Eingliederungszuschuss bei Neugründung	§§ 223–228 SGB III
Förderung der beruflichen Weiterbildung durch Vertretung	§§ 229–233 SGB III
Berufliche Ausbildung, berufliche Weiterbildung und Leistungen zur Teilhabe am Arbeitsleben	§§ 235–239 SGB III
Eingliederungshilfen	§§ 240–247 SGB III
Arbeitsbeschaffungsmaßnahmen	§§ 260–271 SGB III
Förderung beschäftigter Arbeitnehmer im Rahmen der Weiterbildung	§ 417 SGB III
Vermittlungsgutschein	§ 421 SGB III
Tragung der Beiträge zur Arbeitsförderung bei Beschäftigung älterer Arbeitnemer	§ 421k SGB III
Sozialpädagogische Begleitung bei der Berufsausbildungsvorbereitung nach dem Berufsbildungsgesetz	§ 421m SGB III

Grundsicherung für Arbeitsuchende

Bei der Entscheidung über Leistungen zur Eingliederung in Arbeit ist vom Leistungsträger – und hier vom zuständigen Fallmanager – die individuelle Lebenssituation zu prüfen: die Eignung, die familiäre Situation, die Dauerhaftigkeit der Eingliederung, die voraussichtliche Dauer der Hilfebedürftigkeit. Vorrangig sollen Maßnahmen gewählt werden, die die unmittelbare Aufnahme einer Erwerbstätigkeit ermöglichen. Hier ist insbesondere abzustellen auf den aktuellen Arbeitsmarkt und die örtlichen bzw. regionalen Bedürfnisse in den Unternehmen.

Junge Hilfebedürftige unter 25 Jahren sollen so schnell wie möglich in den Arbeitsprozess eingegliedert werden. Unmittelbar nach Beantragung von Leistungen zur Grundsicherung soll eine Ausbildung, Arbeitsstelle oder Arbeitsgelegenheit vermittelt werden. Kann auf Grund eines fehlenden Berufsabschlusses kein Ausbildungsplatz angeboten werden, so soll zumindest erreicht werden, dass die vermittelte Arbeit auch zur Verbesserung der beruflichen Kenntnisse und Fähigkeiten beiträgt (**§ 3 Abs. 2 SGB II**).

In **§ 16 Abs. 1 Satz 2 SGB II** sind die Eingliederungsleistungen für erwerbsfähige behinderte Hilfebedürftige aufgeführt. Diese Leistungen zur Förderung der Teilhabe behinderter Menschen am Arbeitsleben sind auf Grund der Verweisung auf das SGB III Pflichtleistungen, soweit diese im SGB III als solche definiert sind.

Darüber hinaus kann der Leistungsträger weitere, die Arbeitssuche flankierende Leistungen erbringen (**§ 16 Abs. 2 SGB II**), insbesondere

- Betreuung minderjähriger/behinderter Kinder oder
- häusliche Pflege von Angehörigen,
- Schuldnerberatung,
- psychosoziale Betreuung,
- Suchtberatung,
- Einstiegsgeld (§ 29 SGB II),
- Leistungen nach dem Altersteilzeitgesetz,
- Förderung von Arbeitsgelegenheiten in einem Arbeitsverhältnis, als ABM oder in einem Sozialrechtsverhältnis.

Bei Aufnahme einer versicherungspflichtigen oder einer selbständigen Erwerbstätigkeit kann ein Einstiegsgeld nach **§ 29 SGB II** erbracht werden. Voraussetzung ist, dass dies zur Eingliederung in den allgemeinen Arbeitsmarkt erforderlich ist. Das Einstiegsgeld wird als (weiterer) Zuschuss zum Arbeitslosengeld II erbracht. Allerdings wird es für höchstens 24 Monate gezahlt.

Für diese flankierenden Maßnahmen sind grundsätzlich die kommunalen Träger zuständig (**§ 6 Abs. 1 Nr. 2 SGB II**).

Anspruchsberechtigte Personen

§ 7 SGB II sieht die Anspruchsvoraussetzungen für die Leistungen der Grundsicherung vor (siehe dazu auch die Übersicht auf S. 22). Die Voraussetzungen entsprechen in vielem denen, wie sie bisher für den Bezug von Arbeitslosenhilfe nach SGB III galten. So wird Erwerbsfähigkeit und Hilfebedürftigkeit gefordert. Im SGB III wurde allerdings statt von Erwerbsfähigkeit von Vermittlungsfähigkeit gesprochen.

Weitere Voraussetzungen sind die Vollendung des 15. und die Nichtvollendung des 65. Lebensjahres. Außerdem müssen die Betreffenden ihren gewöhnlichen Aufenthalt in Deutschland haben.

Ausländer können im Sinne dieser Regelungen nur erwerbstätig sein, wenn ihnen die Aufnahme einer Beschäftigung erlaubt ist oder erlaubt werden könnte.

Das Gesetz spricht hier zusammenfassend von erwerbsfähigen Hilfebedürftigen.

Zudem werden auch Leistungen an nicht erwerbsfähige Hilfebedürftige gewährt, die mit erwerbsfähigen Hilfebedürftigen in einer Bedarfsgemeinschaft leben. Sie erhalten allerdings kein Arbeitslosengeld II, sondern unter bestimmten Voraussetzungen eine Geldleistung, die als Sozialgeld bezeichnet wird. Bezieher von Renten wegen voller Erwerbsminderung auf Dauer oder Bezieher von Altersrente sind allerdings vom Bezug des Sozialgelds ausgeschlossen. Sozialgeld und Arbeitslosengeld II sind hinsichtlich der Höhe identisch. Mehrbedarfe, Leistungen für Unterkunft und Heizung sowie Einmalleistungen bei Nachweis eines unabweisbaren Bedarfs werden vom Sozialgeld umfasst.

Zur Bedarfsgemeinschaft gehören nach **§ 7 Abs. 3 SGB II** neben dem erwerbsfähigen Hilfebedürftigen selbst sein nicht dauernd getrennt

Grundsicherung für Arbeitsuchende

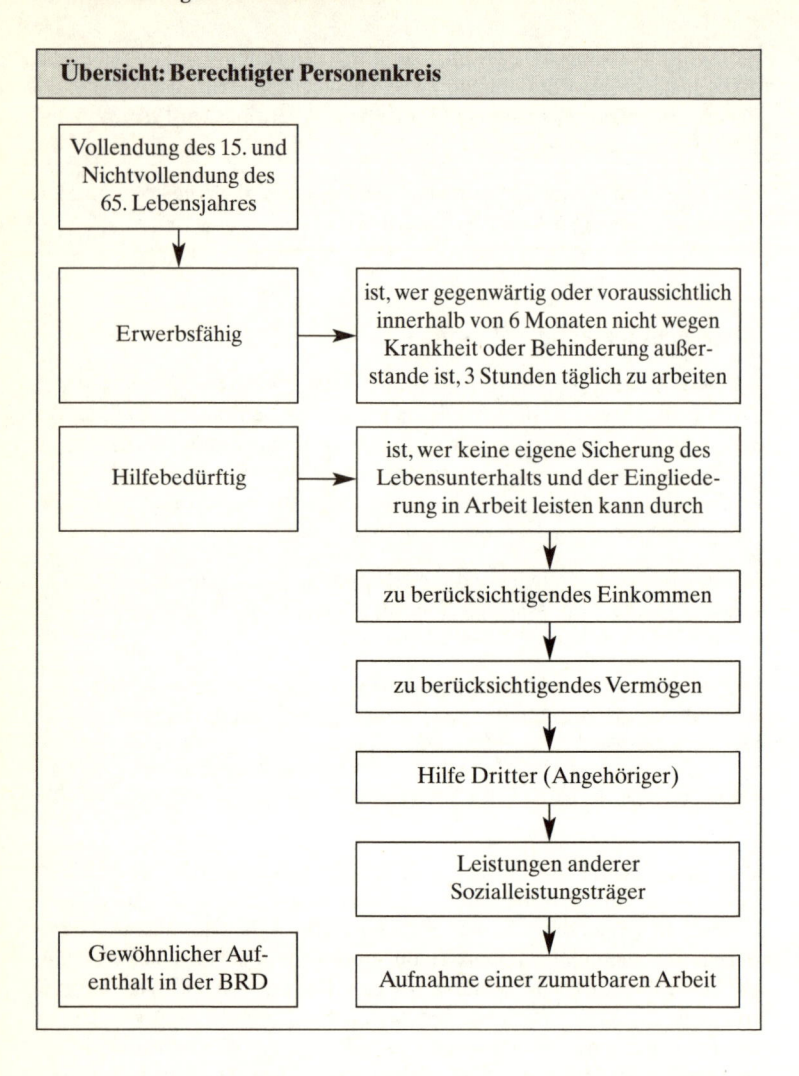

Übersicht: Berechtigter Personenkreis

- Vollendung des 15. und Nichtvollendung des 65. Lebensjahres
  - **Erwerbsfähig** → ist, wer gegenwärtig oder voraussichtlich innerhalb von 6 Monaten nicht wegen Krankheit oder Behinderung außerstande ist, 3 Stunden täglich zu arbeiten
- **Hilfebedürftig** → ist, wer keine eigene Sicherung des Lebensunterhalts und der Eingliederung in Arbeit leisten kann durch
  - zu berücksichtigendes Einkommen
  - zu berücksichtigendes Vermögen
  - Hilfe Dritter (Angehöriger)
  - Leistungen anderer Sozialleistungsträger
  - Aufnahme einer zumutbaren Arbeit
- Gewöhnlicher Aufenthalt in der BRD

lebender Partner (Ehegatte, Person in eheähnlicher Gemeinschaft, gleichgeschlechtlicher Lebenspartner), die im Haushalt lebenden minderjährigen und unverheirateten Kinder und die im Haushalt lebenden Eltern.

Anspruchsberechtigte Personen

Besonders wichtig für den Anspruch auf Arbeitslosengeld II ist das Bestehen von Erwerbsfähigkeit nach **§ 8 SGB II**. Erwerbsfähig ist, wer nicht wegen Krankheit oder Behinderung auf absehbare Zeit außerstande ist, unter den üblichen Bedingungen des allgemeinen Arbeitsmarktes mindestens drei Stunden täglich erwerbstätig zu sein. Diese Definition entspricht der des § 43 Abs. 2 Satz 2 SGB VI (Gesetzliche Rentenversicherung).

Unerheblich ist, ob eine Erwerbstätigkeit derzeit bzw. vorübergehend unzumutbar ist (z. B. wegen der Erziehung eines Kindes unter drei Jahren).

Die Hilfebedürftigkeit wird in **§ 9 SGB II** näher definiert. Hier wird gefordert, dass der Betreffende seinen Lebensunterhalt nicht oder nicht ausreichend aus eigenen Kräften und Mitteln, vor allem nicht durch Aufnahme einer zumutbaren Arbeit oder aus dem zu berücksichtigenden Einkommen oder Vermögen sichern kann. Außerdem ist Voraussetzung, dass die erforderliche Hilfe nicht von anderen, insbesondere von Angehörigen oder von Trägern anderer Sozialleistungen geleistet wird. Alle Leistungen des SGB II unterliegen also gegenüber anderen Sozialleistungen dem Nachranggrundsatz.

Abgrenzung: Haushaltsgemeinschaft und Bedarfsgemeinschaft

Eine Bedarfsgemeinschaft besteht aus mindestens einer erwerbsfähigen hilfebedürftigen Person.

Neben dem erwerbsfähigen Hilfebedürftigen selbst gehört zur Bedarfsgemeinschaft (**§ 7 Abs. 3 SGB II**):

- der nicht dauernd getrennt lebender Partner (Ehegatte, eheähnliche Lebensgemeinschaft, gleichgeschlechtlicher Lebenspartner),

- die im Haushalt lebenden minderjährigen, unverheirateten Kinder des Hilfebedürftigen und/oder des Partners

    Beispiel: ein Arbeitsloser, seine Lebensgefährtin, ein gemeinsames vierjähriges Kind, ein achtjähriges Kind des Arbeitslosen und ein zwölfjähriges Kind der Lebensgefährtin leben in einem Haushalt. Sie bilden somit eine Bedarfsgemeinschaft

Grundsicherung für Arbeitsuchende

- die im Haushalt lebenden nicht erwerbsfähigen Eltern/Elternteil eines minderjährigen, unverheirateten aber erwerbsfähigen Kindes

    Beispiel: die 17-jährige erwerbsfähige Tochter und ihre nichterwerbsfähige Mutter leben in einem Haushalt und bilden somit eine Bedarfsgemeinschaft.

Die Haushaltsgemeinschaft ist begrifflich weiter gefasst: Zur Haushaltsgemeinschaft gehören alle Personen, die auf Dauer mit den Mitgliedern einer Bedarfsgemeinschaft in einem Haushalt leben und gemeinsam wirtschaften, also der Lebensunterhalt gemeinsam bestritten wird (Wohn- und Wirtschaftsgemeinschaft). Indizien hierfür sind gemeinsame Konten, bzw. gegenseitiger Zugriff auf Konten, gemeinsamer Einkauf und Verbrauch von Lebensmitteln, Kosten der Lebensführung und der Mietkosten.

Die Zugehörigkeit zu einer Bedarfsgemeinschaft ist entscheidend für die Berechnung des Bedarfs, insbesondere bei der Berücksichtigung von Einkommen und Vermögen jedes Mitglieds der Bedarfsgemeinschaft. Es können in einem Haushalt mehrere Bedarfsgemeinschaften leben, für die der Bedarfs jeweils gesondert berechnet werden muss.

Ein minderjähriges Kind gehört zur Bedarfsgemeinschaft, wenn es

- unverheiratet ist und
- nicht erwerbsfähig ist und
- den Unterhalt nicht aus eigenem Einkommen und Vermögen bestreiten kann, also Hilfebedürftigkeit vorliegt und
- es mit den erwerbsfähigen Eltern oder einem erwerbsfähigen Elternteil in einem gemeinsamen Haushalt wohnt.

Sobald das Kind das 18. Lebensjahr vollendet hat oder heiratet, gehört es nicht mehr zur Bedarfsgemeinschaft der Eltern; ggf. wird eine eigene Bedarfsgemeinschaft begründet.

Hat das minderjährige, unverheiratete, nicht erwerbsfähige Kind bereits ein eigenes Kind und wohnt es und das eigene Kind noch bei seinen Eltern, so liegt eine Bedarfsgemeinschaft vor.

Hat dieses Kind einen minderjährigen Partner, die ebenfalls im Haushalt der Eltern lebt, so tangiert dies nicht die Bedarfsgemeinschaft. Dieser Partner selbst gehört aber nicht zur Bedarfsgemeinschaft; er hat evtl.

eigene sozialhilferechtliche Ansprüche. Er gehört aber zur Haushaltsgemeinschaft, was sich auf die Unterkunftskosten auswirkt. Ist dieser Partner dagegen volljährig und ist nachzuweisen, dass er mit der Minderjährigen und deren Kind eine eigene Wirtschaftsgemeinschaft innerhalb des Haushalts der Eltern bildet, so werden innerhalb eines Haushalts zwei Bedarfsgemeinschaften begründet: die Eltern sind eine Bedarfsgemeinschaft und der Partner, die minderjährige Lebensgefährtin und deren Kind sind eine Bedarfsgemeinschaft.

Keine Bedarfsgemeinschaft können begründen:

- Pflegeltern mit Pflegekindern
- Großeltern mit Enkelkindern
- Geschwister, wenn sie ohne Eltern zusammen in einem Haushalt leben

Zu einer Haushaltsgemeinschaft, nicht aber zu einer Bedarfsgemeinschaft gehören auch sonstige Verwandte (z. B. Onkel, Tante, Nichten, Neffen, Cousins), Verschwägerte und alle nicht verwandten Personen, die im selben Haushalt leben.

Leben Hilfebedürftige in einer Haushaltsgemeinschaft mit Verwandten oder Verschwägerten so wird von Gesetzes wegen vermutet, dass sie von diesen unterstützt werden. Diese Leistungen sind zu berücksichtigen (**§ 9 Abs. 5 SGB II**). Wohnt der Hilfebedürftige beispielsweise unentgeltlich bei einem Verwandten, so hat er keinen Anspruch auf Unterkunftskosten nach **§ 22 Abs. 1 SGB II**. Wird der Hilfebedürftige von Verwandten verpflegt, so ist dies bei der Bedarfsberechnung zu berücksichtigen. Berechnet werden diese Sachleistungen nach der Sachbezugsverordnung, **§ 2 Abs. 4 Alg II-V**. Dieser Wert ist dann als Einkommen des Hilfebedürftigen bei der Berechnung der Regelleistungen anzurechnen.

Beispiel:

Der 35-jährige Hilfebedürftige lebt in München bei seiner Großmutter und wird von dieser täglich abends „bekocht".

Der Hilfebedürftige erhält keine Unterkunftskosten. Seine Regelleistung in Höhe von 345 EUR wird um die Verpflegungskosten gemindert (78,25 EUR monatlich für Abendessen). Er hat damit einen Leistungsanspruch in Höhe von 266,75 EUR.

Grundsicherung für Arbeitsuchende

Diese dem Hilfebedürftigen gewährten Leistungen werden ohne Prüfung der Leistungsfähigkeit des Verwandten berücksichtigt. Diese gesetzliche Vermutung kann nur entkräftet werden, wenn der Hilfebedürftige selbst oder der Angehörige vom Leistungsträger eine Überprüfung der Leistungsfähigkeit fordert. Bei einer Berechnung der Leistungsfähigkeit von Verwandten ist für die Einkommensberechnung § **1 Abs. 2 Alg II–V** und für die Vermögensberechnung § **4 Abs. 2 Alg II–V** zu beachten.

Die gesetzliche Vermutung nach § 9 Abs. 5 SGB II begründet sich auf der Annahme, dass sich Verwandte innerhalb einer Haushaltsgemeinschaft aus moralischen Gründen gegenseitig helfen und unterstützen, auch wenn keine gesetzliche Unterhaltspflicht besteht.

Liegt dagegen eine gesetzliche Unterhaltspflicht (Ehegattenunterhalt, Kindesunterhalt, Elternunterhalt) vor, so ist diese Unterhaltspflicht beim Einkommen des Hilfebedürftigen zu berücksichtigen. Ein Fall von § 9 Abs. 5 SGB II liegt in solchen Fällen nicht vor. Dieser Unterhalt kann in bestimmten Fällen nach **§ 33 SGB II** an den Leistungsträger übergeleitet und von diesem eingefordert werden.

Zumutbarkeit

In Zusammenhang mit der Anspruchsberechtigung nach dem SGB II kommt der in **§ 10 SGB II** geforderten Zumutbarkeit eine besondere Bedeutung zu. Die hier behandelten Grundsätze sind in der Öffentlichkeit stark diskutiert und auch kritisiert worden. Insbesondere die Gewerkschaften beanstanden, dass nach § 10 Abs. 2 SGB II dem erwerbsfähigen Hilfebedürftigen jede Arbeit zumutbar sein soll. Hiervon gibt es zwar eine Reihe von Ausnahmen. Fakt ist aber, dass zunächst jede Arbeit als zumutbar bezeichnet wird.

Eine der Ausnahmen besteht darin, dass der Betreffende zu der bestimmten Arbeit körperlich, geistig oder seelisch nicht in der Lage ist. Unzumutbarkeit besteht auch dann, wenn ihm durch die Aufnahme einer bestimmten Arbeit die künftige Ausübung der bisher ausgeübten Arbeit erschwert werden würde.

Nicht zumutbar ist die Aufnahme einer Arbeit auch dann, wenn dadurch die Erziehung eines Kindes oder des Kindes des Partners gefährdet werden würde. Die zuständigen kommunalen Träger sollen darauf hinwirken, dass Erziehenden vorrangig ein Platz zur Tagesbetreuung des Kindes angeboten wird.

Zumutbarkeit

Unzumutbarkeit liegt außerdem vor, wenn die Ausübung der Arbeit mit der Pflege eines Angehörigen nicht vereinbar wäre und die Pflege nicht auf andere Weise sichergestellt werden kann.

Von besonderer Bedeutung ist **§ 10 Abs. 2 SGB II**. Dort werden vier Punkte aufgezählt, deren Vorhandensein eine Arbeit von vornherein nicht unzumutbar macht. Vor allem kann sich hier der Betreffende nicht auf einen Bestandsschutz berufen. So kann er die Ablehnung einer bestimmten Arbeit nicht damit begründen, dass sie nicht einer früheren beruflichen Tätigkeit entspricht, für die er ausgebildet wurde oder die er ausgeübt hat. Das Gleiche gilt, wenn die Arbeit im Hinblick auf die Ausbildung des erwerbsfähigen Hilfebedürftigen als geringwertig anzusehen ist.

Auch kann die Ablehnung einer Arbeit nicht damit begründet werden, dass der Beschäftigungsort vom Wohnort weiter entfernt ist als ein früherer Beschäftigungs- oder Ausbildungsort. Hier wird also ein großes Maß an Flexibilität gefordert. Die Forderungen des Gesetzes gehen sogar noch weiter. So kann eine Arbeit nicht deshalb abgelehnt werden, weil die Arbeitsbedingungen ungünstiger sind als bei den bisherigen Beschäftigungen des erwerbsfähigen Hilfebedürftigen.

Auch eine untertarifliche Entlohnung oder eine Entlohnung unterhalb des ortsüblichen Gehaltsgefüges steht der Zumutbarkeit nicht entgegen, solange die Entlohnung nicht gegen arbeitsrechtliche oder sonstige Vorschriften sowie die guten Sitten verstößt.

Für den Anspruch auf „normales" Arbeitslosengeld bzw. den bisher geltenden Anspruch auf Arbeitslosenhilfe stellt das SGB III in § 121 wesentlich moderatere Forderungen auf. So werden dort tägliche Pendelzeiten festgelegt, deren Überschreiten die Arbeit unzumutbar macht. Auch wird bestimmt, um wie viel niedriger ein Arbeitsentgelt aus der angebotenen Beschäftigung im Vergleich zum Entgelt aus bisheriger Beschäftigung sein darf. Die Forderungen sind also für das Arbeitslosengeld II wesentlich verschärft worden.

Ein-Euro-Jobs

Diese „Zusätzlichen Arbeitsgelegenheiten mit Mehraufwandsentschädigung (MAE)" sind keine Erfindung der Hartz-Reform, sondern Fortentwicklung eines seit Jahren eingeführten Instruments in der Sozialhilfe.

In den Medien hat sich die Bezeichnung als „Ein-Euro-Job" aufgrund der Gestaltung der Förderung des Beschäftigten durchgesetzt. Diese Formu-

Grundsicherung für Arbeitsuchende

lierung führt aber von den wahren Verhältnissen des Leistungsaustauschs weg, weil sie lediglich die Zusatzleistung bewertet und außer Betracht lässt, dass der Arbeitsuchende neben der Mehraufwandsentschädigung die Regelleistung und Unterkunftsleistungen weiter erhält.

Arbeitsgelegenheiten werden in der Regel von gemeinnützigen Körperschaften aus dem Bereich der Gebietskörperschaften und der Mitglieder der Verbände der Wohlfahrtspflege geschaffen. Aber auch Privatunternehmen können Projekte auflegen, die in ihrem Hause koordiniert werden, wenn sie der Allgemeinheit dienen.

Arbeitsgelegenheiten sollen arbeitsmarktpolitisch zweckmäßig sein. Dies bedeutet, dass sie sowohl geeignet sein sollen, Arbeitsuchende zu aktivieren und ihre Leistungsfähigkeit zu verbessern, ohne an anderer Stelle Arbeit am regulären Arbeitsmarkt zu gefährden. Durch die Arbeitsgelegenheiten dürfen Wettbewerbsbedingungen nicht zu Gunsten der Träger verändert werden.

Zur Überprüfung dieser Voraussetzungen müssen die Arbeitsgelegenheiten hinreichend bestimmt sein: Der Träger der Arbeitsgelegenheit muss dazu eine Maßnahmebeschreibung liefern, in der Art, Umfang, Struktur, Inhalte, Ort, Betreuung, Qualifizierung und Zahl der Teilnehmer konkretisiert werden.

§ 16 Abs. 3 SGB II stellt klar, dass es sich bei der Arbeitsgelegenheit nicht um ein Arbeitsverhältnis mit den sich daraus ergebenden Rechten und Pflichten handelt. Kündigungsschutz, Entgeltfortzahlung im Krankheitsfall oder auch Tarifverträge sind nicht anwendbar. Zu beachten sind aber arbeitsschutzrechtliche Vorschriften sowie das Bundesurlaubsgesetz. Auch die Regeln über die Zumutbarkeit in **§ 10 SGB II** sind einzuhalten.

Zudem besteht eine Pflichtversicherung in der gesetzlichen Rentenversicherung (§ 3 Nr. 3a SGB VI) und der gesetzlichen Krankenversicherung (§ 5 Abs. 1 Nr. 2a SGB V). Der Maßnahmeträger muss zudem für die Unfallversicherung sorgen.

Bezüglich des Beschäftigungsumfangs trifft das SGB II keine Festlegung. Da die Arbeitsgelegenheit jedoch auf eine Integration in den regulären Arbeitsmarkt gerichtet ist, muss dem Beschäftigen noch hinreichend viel Zeit für die Arbeitssuche zur Verfügung stehen. Eine Beschäftigung im Umfang von mehr als 30 Stunden pro Woche würde keine Zeit mehr für die Umsetzung eigener Eingliederungsbemühungen lassen, so dass der Beschäftigungsumfang deshalb auf 30 Stunden begrenzt sein sollte.

In welchem Umfang die Förderung erfolgen soll, ist gesetzlich ebenfalls nicht festgelegt.

Weigert sich ein Leistungsempfänger, eine Arbeitsgelegenheit aufzunehmen, so muss er mit Leistungsbeschränkungen rechnen (siehe S. 35 f.).

Zu berücksichtigendes Einkommen

Arbeitslosengeld II und Sozialgeld werden nur gezahlt, wenn Hilfebedürftigkeit vorliegt. Bei der Berechnung wird das Einkommen aller Mitglieder der Bedarfsgemeinschaft – also des Hilfebedürftigen selbst, des Partners und der minderjährigen unverheirateten Kinder – berücksichtigt.

Alle Einnahmen in Geld oder Geldeswert sind grundsätzlich als Einkommen zu berücksichtigen **(§ 11 SGB II)**. Dies können sein

- Einkünfte aus nichtselbständiger oder selbständiger Arbeit
- Einnahmen aus Vermietung und Verpachtung
- Kapital- und Zinseinkünfte
- Unterhaltsleistungen, Leistungen nach dem Unterhaltsvorschussgesetz
- Entgeltersatzleistungen (z. B. Krankengeld, Arbeitslosengeld)

Nicht zum Einkommen zählen

- Leistungen nach dem SGB II
- Grundrente nach dem Bundesversorgungsgesetz
- Rente oder Beihilfe nach dem Bundesentschädigungsgesetz
- Erziehungsgeld, Mutterschaftsgeld und vergleichbare Leistungen
- Arbeitsförderungsgeld nach § 43 SGB IX, Blindengeld nach den Landesblindengesetzen, Pflegegeld nach § 23 SGB VIII, Einnahmen aus einer nebenberuflichen Tätigkeiten nach § 3 Nr. 26 EStG (z. B. Betreuer, Übungsleiter) und andere zweckbestimmte Einnahmen sowie Zuwendungen der freien Wohlfahrtspflege

Wichtig: Das Kindergeld für Minderjährige ist als Einkommen des Kindes zu berücksichtigen. Kindergeld für Volljährige ist grundsätzlich dem Kin-

Grundsicherung für Arbeitsuchende

dergeldberechtigten zuzuordnen. Falls ein Anspruch auf Unterhaltsvorschuss (Kinder bis zum 12. Lebensjahr) besteht, so ist dieser dem Einkommen des Kindes zuzurechnen.

Vom Einkommen abzusetzen sind

- Steuern
- Pflichtbeiträge der Sozialversicherung bzw. bei Nichtversicherungspflichtigen Beiträge in angemessener Höhe
- Gesetzlich vorgeschriebene Versicherungen (z. B. Kfz-Haftpflichtversicherung) oder sonstige angemessene Versicherungen (z. B. Unfallversicherung, Hausratversicherung)
- Beiträge zur „Riester-Rente" in Höhe der Mindestbeiträge
- Werbungskosten (z. B. Berufskleidung, Fahrkosten)
- Erwerbstätigenfreibetrag

Die Arbeitslosengeld II/Sozialgeld-Verordnung (siehe Fußnote bei § 11 SGB II) sieht zahlreiche weitere Einnahmen vor, die nicht als Einkommen berücksichtigt werden. Dabei spricht die Verordnung ausdrücklich davon, dass es sich um Einnahmen handelt, die nicht im SGB II aufgezählt sind. Angesprochen werden hier beispielsweise einmalige Einnahmen, wobei die Nichtberücksichtigung auf 50 EUR im Jahr begrenzt ist.

Als Pauschalbeträge können nach § 3 der Verordnung abgesetzt werden

- für private Versicherungen monatlich 30 EUR
- für Werbungskosten ein Sechzigstel der steuerrechtlichen Werbungskostenpauschale (= monatlich 15,33 EUR)
- für Wegstrecken zur Ausübung der Erwerbstätigkeit monatlich 0,06 EUR für jeden Entfernungskilometer

Wichtig ist auch, dass nach § 2 der Verordnung bei der Berechnung des Einkommens von den Bruttoeinnahmen auszugehen ist. § 2 Abs. 3 der Verordnung geht bezüglich der Berücksichtigung einmaliger Einnahmen vom Zuflussprinzip aus.

Der Erwerbstätigenfreibetrag nach **§ 30 SGB II** soll den Arbeitslosen motivieren, so schnell wie möglich Arbeit zu suchen und anzunehmen, auch wenn diese für sich allein genommen nicht ausreichend ist, den Lebensunterhalt zu sichern. Dieser Freibetrag gilt für jede erwerbstätige Person in der Bedarfsgemeinschaft.

Übersicht: Erwerbstätigenfreibetrag		
Bruttolohn	**Freibetrag in %**	**maximaler Freibetrag**
bis 400 EUR	15 %	60 EUR
zusätzlich 30 % des Teils zwischen 401 EUR und 900 EUR	30 %	210 EUR (60 EUR + 150 EUR)
zusätzlich 15 % des Teils zwischen 901 EUR und 1500 EUR	15 %	300 EUR (60 EUR + 150 EUR + 90 EUR)

Zu berücksichtigendes Vermögen

Als Vermögen sind alle verwertbaren Vermögensgegenstände zu berücksichtigen, also beispielsweise Bargeld, Sparguthaben, Wertpapiere, Grundstücke, Häuser, Eigentumswohnungen oder Lebensversicherungen (**§ 12 Abs. 1 SGB II**). Dieses Vermögen muss verbraucht werden, bevor ein Anspruch auf Leistungen zur Sicherung des Lebensunterhalts nach dem SGB II entsteht. Berücksichtigt wird bei der Überprüfung das Vermögen der gesamten Bedarfsgemeinschaft.

Verwertbar ist Vermögen, wenn es für den Eigentümer nutzbar ist, also für die Bestreitung des Lebensunterhalts für sich und seine Angehörigen durch Verbrauch, Verkauf, Vermietung oder Beleihung verwendet werden kann. Eine Vermögensverwertung bleibt nur dann außer Betracht, wenn diese offensichtlich unwirtschaftlich ist. Verluste von Gewinn- oder Renditeaussichten oder schlechte Rückkaufswerte werden nicht berücksichtigt. Nur wenn die Verwertung mehr als 10 % unter dem Substanzwert bleiben würde, soll die Verwertung als offensichtlich unwirtschaftlich gelten. Allerdings müssen bei der Entscheidung, ob eine Vermögensverwertung in Frage kommt, besondere Härten individuell vom Leistungsträger berücksichtigt werden.

Nicht zum Vermögen rechnet z. B. der angemessene Hausrat oder ein angemessenes Kraftfahrzeug (ca. 5000 EUR) für jeden erwerbsfähigen Hilfebedürftigen. Auch ein selbst genutztes Hausgrundstück von angemessener Größe oder eine entsprechende Eigentumswohnung wird nicht zum verwertbaren Vermögen gezählt. Als angemessen wird eine Haus-/Wohnungsgröße bis ca. 130 qm und eine Grundstücksfläche von ca. 500 qm im städtischen und ca. 800 qm im ländlichen Bereich angesehen.

Grundsicherung für Arbeitsuchende

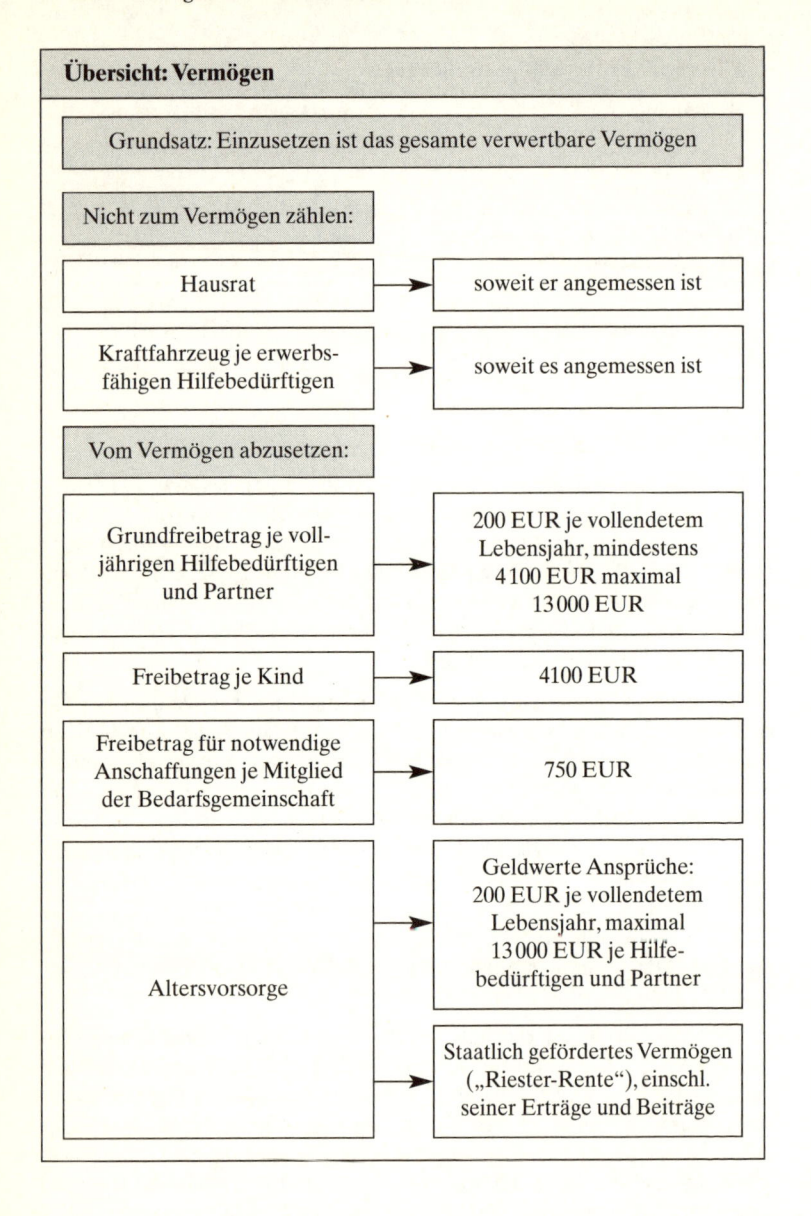

Übersicht: Vermögen

Grundsatz: Einzusetzen ist das gesamte verwertbare Vermögen

Nicht zum Vermögen zählen:

Hausrat	soweit er angemessen ist
Kraftfahrzeug je erwerbsfähigen Hilfebedürftigen	soweit es angemessen ist

Vom Vermögen abzusetzen:

Grundfreibetrag je volljährigen Hilfebedürftigen und Partner	200 EUR je vollendetem Lebensjahr, mindestens 4100 EUR maximal 13000 EUR
Freibetrag je Kind	4100 EUR
Freibetrag für notwendige Anschaffungen je Mitglied der Bedarfsgemeinschaft	750 EUR
Altersvorsorge	Geldwerte Ansprüche: 200 EUR je vollendetem Lebensjahr, maximal 13000 EUR je Hilfebedürftigen und Partner
	Staatlich gefördertes Vermögen („Riester-Rente"), einschl. seiner Erträge und Beiträge

Zu berücksichtigendes Vermögen

Sofern Vermögen zur Beschaffung oder zum Erhalt eines angemessenen Hausgrundstücks angespart wurde, erfolgt keine Vermögensanrechnung, wenn dieses zu Wohnzwecken von behinderten oder pflegebedürftigen Menschen dienen soll.

Bestimmte Beträge sind vom Vermögen abzusetzen. Zunächst gilt hier ein Grundfreibetrag in Höhe von 200 EUR je vollendetem Lebensjahr des Hilfebedürftigen und seines Partners, mindestens jeweils 4100 EUR, maximal aber 13 000 EUR.

Wichtig: Für vor dem 1.1.1948 Geborene gilt ein Freibetrag in Höhe von 520 EUR, bis zu einer Höchstgrenze von jeweils 33 800 EUR.

> **Beispiel:**
>
> Ein erwerbsfähiger Hilfebedürftiger hat das 50. Lebensjahr vollendet, sein Ehegatte das 45. Lebensjahr. Zusammen ergibt das 95 Lebensjahre. Dieser Wert ist mit 200 EUR zu vervielfachen. Das ergibt einen Betrag von 19 000 EUR. Der Grundfreibetrag darf für den erwerbsfähigen Hilfebedürftigen und seinen Partner jeweils 13 000 EUR nicht übersteigen (zusammen also 26 000 EUR). Dieser Wert wird hier nicht überschritten, so dass die gesamte Summe als Freibetrag abzusetzen ist.

Je Kind gibt es einen Freibetrag in Höhe von 4100 EUR.

Abzusetzen vom Vermögen ist zudem ein Freibetrag für notwendige Anschaffungen in Höhe von 750 EUR für jede in der Bedarfsgemeinschaft lebende Person (also z. B. auch Kinder unter 15 Jahren).

Altersvorsorge ist ebenfalls in bestimmten Umfange vom Vermögen abzusetzen. Dies gilt insbesondere für die Altersvorsorge in Höhe des nach Bundesrecht ausdrücklich als Altersvorsorge geförderten Vermögen („Riester-Rente") einschließlich seiner Erträge und der geförderten laufenden Altersvorsorgebeiträge. Voraussetzung ist, dass der Inhaber das Altersvorsorgevermögen nicht vorzeitig verwendet. Auch geldwerte Ansprüche, die der Altersvorsorge dienen, sind abzusetzen. Das gilt allerdings nur, soweit der Inhaber sie vor dem Eintritt in den Ruhestand auf Grund einer vertraglichen Vereinbarung nicht verwerten kann. Der Wert der geldwerten Ansprüche darf 200 EUR je vollendeten Lebensjahr des erwerbsfähigen Hilfebedürftigen und seines Partners, höchstens jedoch jeweils 13 000 EUR nicht übersteigen.

Grundsicherung für Arbeitsuchende

§ 4 der ALG II–V (siehe Fußnote bei § 12 SGB II) schließt die Berücksichtigung von Vermögensgegenständen aus, die zur Aufnahme oder Fortsetzung der Berufsausbildung oder der Erwerbstätigkeit unentbehrlich sind.

Durch eine Abkehr von steuerrechtlichen Bestimmungen wird in § 5 ALG II–V bestimmt, dass das Vermögen ohne Rücksicht auf steuerrechtliche Vorschriften mit seinem Verkehrswert zu berücksichtigen ist.

Soziale Absicherung während des Leistungsbezugs

Wie bei Beziehern von Arbeitslosengeld I – also dem „normalen" Arbeitslosengeld – wird Arbeitslosengeld II bei Arbeitsunfähigkeit des Beziehers für 6 Wochen weitergezahlt. Darüber hinaus wird Krankengeld von der zuständigen Krankenkasse gewährt.

In der Zeit, in der jemand Arbeitslosengeld II nach dem SGB II bezieht, ist er versicherungspflichtig in der gesetzlichen Krankenversicherung. Voraussetzung ist aber, dass kein Anspruch aus der Familienversicherung besteht und die Leistung nicht als Darlehen gewährt wird. Das gilt auch in der Pflege- und in der Rentenversicherung.

Liegt eine Befreiung von der Kranken- und/oder Rentenversicherung vor, haben die Betroffenen Anspruch auf einen Beitragszuschuss.

Die Beiträge für versicherungspflichtige Bezieher von Arbeitslosengeld II werden von der Bundesagentur für Arbeit getragen. Der Beitragsberechnung wird gem. § 232a Abs. 1 Satz 1 Nr. 2 SGB V (Gesetzliche Krankenversicherung) der dreißigste Teil des 0,3620fachen der monatlichen Bezugsgröße zugrunde gelegt. In Fällen, in denen diese Personen weitere beitragspflichtige Einnahmen haben, wird der Zahlbetrag des Arbeitslosengeldes II für die Beitragsbemessung diesen beitragspflichtigen Einnahmen mit der Maßgabe hinzugerechnet, dass als beitragspflichtige Einnahmen insgesamt der oben aufgeführte Teil der Bezugsgröße gilt.

Für Personen, die Arbeitslosengeld II beziehen, gilt als Beitragssatz der durchschnittliche allgemeine Beitragssatz der Krankenversicherung. Dieser Beitragssatz wird vom Bundesgesundheitsministerium jeweils zum 1.10. eines Jahres festgestellt.

In der Rentenversicherung besteht ebenfalls Versicherungspflicht. Ausgenommen von der Versicherungspflicht sind Personen, die Arbeitslosengeld II nur darlehensweise erhalten. Unter bestimmten Voraussetzungen können Berechtigte sowohl in der Kranken- als auch in der Rentenversicherung von der Versicherungspflicht befreit werden.

In der Rentenversicherung werden die Beiträge wie in der Krankenversicherung von der BA getragen. Der Beitragsberechnung wird bei Beziehern von Arbeitslosengeld II ein Betrag von 400 EUR monatlich zugrunde gelegt.

Leistungsbeschränkungen

Mit der Absenkung und dem Wegfall des Arbeitslosengeldes II beschäftigt sich **§ 31 SGB II**. Diese Sanktionen können mit dem Ruhen des Anspruchs auf Arbeitslosengeld I beim Vorliegen einer Sperrzeit nach SGB III verglichen werden.

Eine Absenkung des Arbeitslosengeldes II kommt beispielsweise in Frage, wenn sich der erwerbsfähige Hilfebedürftige trotz Belehrung über die Rechtsfolgen weigert, eine ihm angebotene Eingliederungsvereinbarung abzuschließen. Das Gleiche gilt, wenn er sich weigert, die in einer solchen Vereinbarung festgelegten Pflichten zu erfüllen. Es gilt auch bei der Weigerung, eine zumutbare Arbeit, Ausbildung, Eingliederungsmaßnahme oder Arbeitsgelegenheit aufzunehmen oder fortzuführen. Die Nichtaufnahme oder der Abbruch der Maßnahme muss ohne wichtigen Grund geschehen sein.

Zunächst drohen in diesen Fällen Kürzungen von 30 % der Regelleistung sowie die Streichung des ALG II-Zuschlags. Die Dauer dieser Sanktion beträgt drei Monate. Im Wiederholungsfall und bei jeder weiteren Pflichtverletzung wird die Regelleistung um weitere 30 % gekürzt. Diese Kürzung kann dann auch die Leistungen für Unterkunft, Heizung und etwaige Mehrbedarfe betreffen. Ab der vierten Pflichtverletzung kann das Arbeitslosengeld II ganz gestrichen werden.

Auch leichtere Pflichtverletzungen können sanktioniert werden. Kommt der Leistungsempfänger trotz schriftlicher Belehrung beispielsweise einer Meldeaufforderung nicht nach, wird unter Wegfall des Arbeitslosengeld II-Zuschlags die Regelleistung um 10 % gekürzt und im Wiederholungsfalle nochmals um 10 %. Auch diese Kürzungen dauern jeweils drei Monate.

Sofern das Existenzminimum gefährdet ist, können Sachleistungen oder Lebensmittelgutscheine verteilt werden. Sie sollen erbracht werden, wenn in der Bedarfsgemeinschaft minderjährige Kinder leben.

Grundsicherung für Arbeitsuchende

Wichtig: Erwerbsfähige Hilfebedürftige zwischen 15 und 25 Jahren, die eine zumutbare Erwerbstätigkeit oder Eingliederungsmaßnahmen ablehnen oder sich nicht ausreichend um einen Arbeitsplatz bemühen, erhalten für die Dauer von drei Monaten keine Geldleistungen mehr, im Bedarfsfall können Sachleistungen oder geldwerte Leistungen (z. B. Lebensmittelgutscheine) erbracht werden. Die Miete wird in dieser Zeit direkt an den Vermieter gezahlt. Der Zugang zu Beratung und Betreuung bleibt aber bestehen.

Werden durch einen Ausländer Arbeitslosengeld II oder sonstige Leistungen nach dem SGB II bezogen, so besteht ab 1.1.2005 eine Teilnahmeverpflichtung zu Integrationskursen (insbesondere Sprachkurse), wenn die Ausländerbehörde ihn im Rahmen verfügbarer und zumutbar erreichbarer Kursplätze zur Teilnahme am Integrationskurs auffordert und der Leistungsträger die Teilnahme angeregt hat oder ein besonderes Integrationsbedürfnis besteht.

Kommt ein Ausländer seiner Teilnahmepflicht aus von ihm zu vertretenden Gründen nicht nach, können für die Zeit der Nichtteilnahme nach Hinweis der Ausländerbehörde die Leistungen bis zu 10 % gekürzt werden (§ 44a Abs. 3 AufenthG).

Träger der Grundsicherung für Arbeitsuchende

Nach **§ 6 Abs. 1 SGB II** sind Träger der Leistungen nach dem SGB II die BA, aber auch die kreisfreien Städte und Kreise (kommunale Träger). Die Zuständigkeit der kommunalen Träger erstreckt sich zunächst auf die zusätzlichen („weiteren") Leistungen, die für die Eingliederung des erwerbsfähigen Hilfebedürftigen in das Erwerbsleben erforderlich sind. Zuständig sind sie ferner für die Betreuung minderjähriger oder behinderter Kinder oder die häusliche Pflege von Angehörigen, die Schuldnerberatung, die psychosoziale Betreuung und die Suchtberatung.

Die kommunalen Träger sind auch für die Leistungen nach den §§ 22 und 23 Abs. 3 SGB II zuständig. Es geht hier um die Leistungen für Unterkunft und Heizung sowie um Leistungen, die nicht von der Regelleistung umfasst sind, soweit Landesrecht nichts anderes bestimmt.

Zur einheitlichen Wahrnehmung der anstehenden Aufgaben werden Arbeitsgemeinschaften (§ 44b SGB II) gebildet. Dies kann zwischen den

Trägern durch öffentlich-rechtlichen oder privat-rechtlichen Vertrag geschehen.

Anstelle der Agentur für Arbeit oder den Arbeitsgemeinschaften kann auch die Kommune selbst eigenständig für die Aufgaben des SGB II verantwortlich sein (§ 6a SGB II), soweit sie zugelassen wurden. Als Fußnote zu § 6a SGB II ist die Kommunalträger-Zulassungsverordnung abgedruckt, die ein Verzeichnis der kommunalen Träger enthält, die als Leistungsträger nach dem SGB II zugelassen werden. Insoweit treten sie an die Stelle der für ihr Gebiet jeweils zuständigen Agentur für Arbeit. Die Zulassung ist für die Zeit vom 1.1.2005 bis 31.12.2010 erfolgt. Kommunale Träger wurden lediglich für 13 der 16 Bundesländer zugelassen. Wegen der kommunalen Besonderheiten in den Stadtstaaten Berlin, Bremen und Hamburg ist für diese Länder keine Zulassung erfolgt.

Rechtsmittel, Ombudsrat

Durch eine Änderung des Sozialgerichtsgesetzes (SGG) ist erreicht worden, dass die Sozialgerichtsbarkeit für alle Streitigkeiten aus dem Bereich der Grundsicherung für Arbeitsuchende zuständig ist (§ 51 Abs. 1 Nr. 4 SGG). Ein Hilfebedürftiger, der sich gegen die Entscheidung eines Trägers der Grundsicherung wenden will, ist verpflichtet, zunächst Widerspruch gegen einen negativen Bescheid (Verwaltungsakt) zu erheben. Wird dieser Widerspruch abschlägig beschieden, erfolgt Klage vor dem Sozialgericht.

Allerdings hat der Hilfebedürftige, bevor er den angesprochenen Rechtsweg beschreitet, auch die Möglichkeit, sich an einen Ombudsrat zu wenden. Dieser Ombudsrat zur Grundsicherung für Arbeitsuchende hat am 1.12.2004 offiziell seine Arbeit aufgenommen. Aufgabe dieses Rates ist es, die Einführung des Arbeitslosengeldes II und seine Auswirkungen auf dem Arbeitsmarkt zu begleiten. Der Rat soll aus seinen Beobachtungen und den an ihn gerichteten Eingaben der vom Arbeitslosengeld II Betroffenen Schlussfolgerungen für die Weiterentwicklung der Regelungen zum Arbeitslosengeld II ziehen und entsprechende Empfehlungen geben.

Wichtig: Betroffene können sich formlos an den Ombudsrat wenden. Dieser kann nach eigenem Ermessen Einzelfälle aufgreifen. Er wird also außerhalb des regulären Widerspruchs- und Klageverfahrens tätig.

Der Ombudsrat ist zunächst für ein Jahr eingesetzt worden. Er soll allerdings darüber hinaus tätig werden, wenn Bedarf besteht.

Grundsicherung für Arbeitsuchende

Kinderzuschlag

Das Vierte Hartz-Gesetz hat unter anderem auch das Bundeskindergeldgesetz (BKGG) geändert. Insbesondere ist § 6a BKGG eingefügt worden. Hier wird ein besonderer „Kinderzuschlag" vorgesehen. Dies war durch das familienpolitische Anliegen erforderlich, Situationen vorzubeugen, in denen Familien allein wegen ihrer Kinder zusätzlich auf Grundsicherung (d. h. also auf Arbeitslosengeld II oder Sozialgeld) angewiesen sind.

Der Kinderzuschlag ist demnach für einkommensschwache Eltern bestimmt, die zwar

- mit ihren Einkünften und Vermögen ihren eigenen Bedarf abdecken (beachte hierzu den Hinweis auf die Mindesteinkommensgrenze im Schaubild),
- aber wegen des Bedarfs der Kinder Anspruch auf Arbeitslosengeld II hätten.

Anspruch auf den Kinderzuschlag besteht deshalb für Eltern minderjähriger Kinder nicht, wenn sie lediglich Arbeitslosengeld II oder Sozialgeld beziehen, daneben aber kein Einkommen oder Vermögen haben.

Für jedes zu berücksichtigende Kind beträgt der Kinderzuschlag jeweils bis zu 140 Euro monatlich. Die Summe der Kinderzuschläge (bei mehreren Kindern) bildet den Gesamtkinderzuschlag. Dieser wird gem. § 6a Abs. 2 BKGG längstens für insgesamt 36 Monate gezahlt. Nach § 6a Abs. 4 BKGG mindert sich der Kinderzuschlag um das nach den §§ 11 und 12 SGB II zu berücksichtigende Einkommen und Vermögen des Kindes. Sowohl das Wohngeld als auch der Kinderzuschlag selbst bleiben hier außer Betracht.

Zum Einkommen gehören beispielsweise

- Unterhaltsleistungen
- Leistungen nach dem Unterhaltsvorschussgesetz
- Ausbildungsvergütung
- Förderung nach dem BAföG.

Die Mindesteinkommensgrenze, die erreicht sein muss, um in den Genuss des Kinderzuschlags zu kommen, setzt sich zusammen aus

- den Regelleistungen (§ 20 SGB II) und eventuellen Mehrbedarfe (§ 21 SGB II) für die Eltern; wird ein befristeter Zuschlag zum

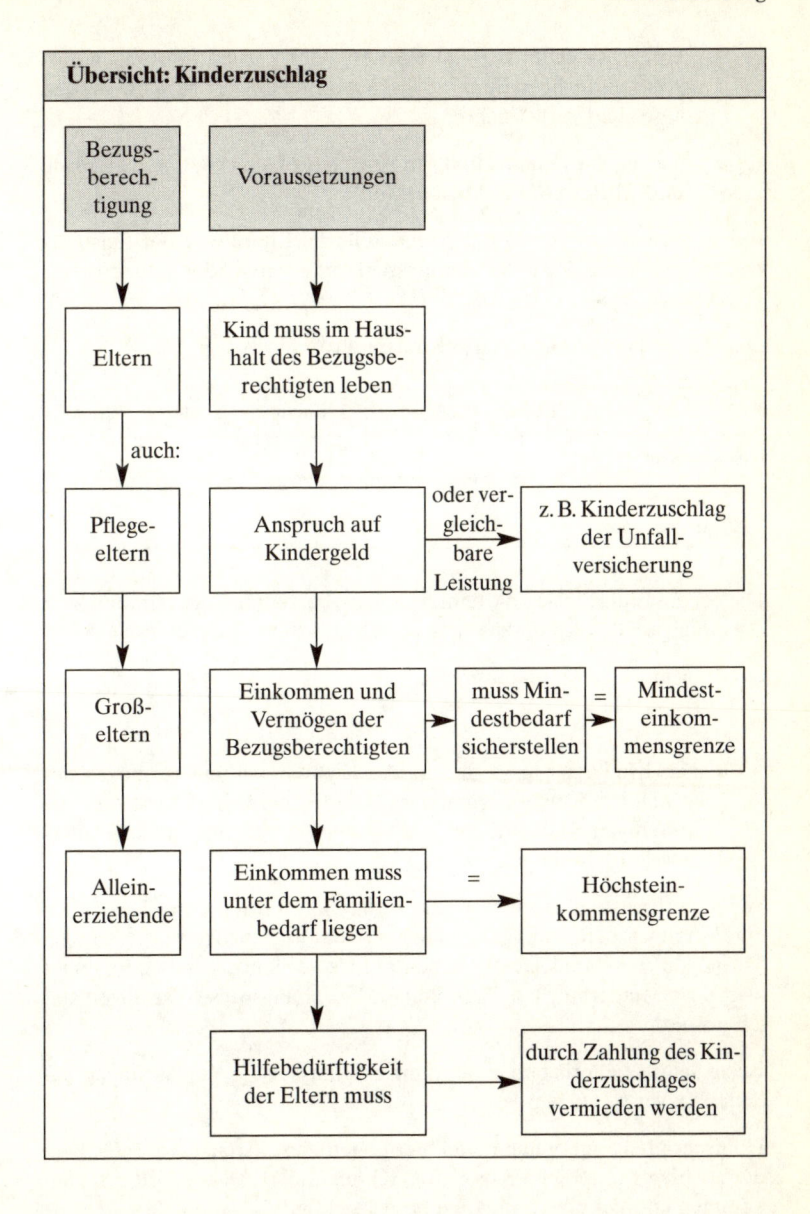

Kinderzuschlag

Übersicht: Kinderzuschlag

Bezugsberechtigung:
- Eltern
- auch: Pflegeeltern
- Großeltern
- Alleinerziehende

Voraussetzungen:

- Kind muss im Haushalt des Bezugsberechtigten leben
- Anspruch auf Kindergeld — oder vergleichbare Leistung → z. B. Kinderzuschlag der Unfallversicherung
- Einkommen und Vermögen der Bezugsberechtigten — muss Mindestbedarf sicherstellen = Mindesteinkommensgrenze
- Einkommen muss unter dem Familienbedarf liegen = Höchsteinkommensgrenze
- Hilfebedürftigkeit der Eltern muss → durch Zahlung des Kinderzuschlages vermieden werden

Grundsicherung für Arbeitsuchende

Arbeitslosengeld II (§ 24 SGB II) oder werden Leistungen aufgrund einmaliger Bedarfe (§ 23 Abs. 3 SGB II) gezahlt, werden diese nicht berücksichtigt.

- den angemessenen anteiligen Kosten für Unterkunft und Heizung für die Eltern (Wohnkostenanteil).

Bei der Ermittlung des Wohnkostenanteils der Eltern wird der Existenzminimumsbericht 2005 der Bundesregierung verwendet (Bundestags-Drucksache 15/2462):

Danach gilt beim Wohnanteil je Kind ein Prozentsatz von:

	1 Kind	2 Kinder	3 Kinder	4 Kinder	5 Kinder
Elternpaare	83	71	62	55	50
Alleinstehende Alleinerziehende	77	62	53	45	40

Dagegen ist die Höchsteinkommensgrenze, bei deren Überschreiten kein Anspruch auf den Kinderzuschlag besteht, die Summe der Beträge der

- Mindesteinkommensgrenze

plus

- des Kinderzuschlags, der um das Einkommen und Vermögen des jeweiligen Kindes bereinigt ist. Bei mehreren Kindern werden die jeweiligen Kinderzuschläge zu einem bereinigten Gesamtkinderzuschlag zusammengezählt.

Wird die Höchsteinkommensgrenze nicht überschritten, dann findet noch eine Vergleichsberechnung statt. Hier wird das Elterneinkommen (einschl. Vermögen) der Mindesteinkommensgrenze gegenübergestellt. Es findet also eine Minderung um Einkommen beziehungsweise Vermögen der Eltern statt.

Bezüglich des elterlichen Einkommens kann auf die Ausführungen auf Seite 29 f. verwiesen werden.

Überschreiten Einkommen oder Vermögen diese Grenze, wird der Kinderzuschlag gemäß § 6a Abs. 3 BKGG gemindert. Dabei wird das Einkommen und Vermögen wie folgt berücksichtigt:

Kinderzuschlag

Vermögen und Einkünfte, die nicht aus einer Arbeitstätigkeit (Erwerbseinkommen) resultieren, wenn diese Einnahmen die Mindesteinkommensgrenze (unterer Grenzbetrag) überschreiten:	100 %
Erwerbseinkommen, wenn sonstige Einkünfte und das Vermögen die Mindesteinkommensgrenze (unterer Grenzbetrag) überschreiten:	7 EUR je volle 10 EUR Überschreitung
Erwerbseinkommen, wenn es zusammen mit sonstigen Einkünften und Vermögen, das niedriger ist als die Mindesteinkommensgrenze, die Mindesteinkommensgrenze (unterer Grenzbetrag) überschreitet:	7 EUR je volle 10 EUR Überschreitung

Der Kinderzuschlag ist schriftlich zu beantragen (§ 9 Abs. 1 Satz 1 BKGG). Ein solcher Antrag kann auch rückwirkend gestellt werden. Zu stellen ist er bei der Familienkasse der für den Wohnort zuständigen Agentur für Arbeit.

Sozialgesetzbuch (SGB) Zweites Buch (II) – Grundsicherung für Arbeitsuchende – (SGB II)[1)]

Vom 24. Dezember 2003 (BGBl. I S. 2954, ber. 2004 I S. 2014)

Folgende Änderungen sind berücksichtigt:

- Gesetz zur Intensivierung der Bekämpfung der Schwarzarbeit und damit zusammenhängender Steuerhinterziehung vom 23. Juli 2004 (BGBl. I S. 1824)

- Kommunales Optionsgesetz vom 30. Juli 2004 (BGBl. I S. 2014)

- Viertes Gesetz zur Änderung des Dritten Buches Sozialgesetzbuch und anderer Gesetze vom 19. November 2004 (BGBl. I S. 2902)

- Verwaltungsvereinfachungsgesetz vom 21. März 2005 (BGBl. I S. 813)

[1)] In den Gesetzestext eingearbeitet wurden die Durchführungsverordnungen zum SGB II:

Verordnung zur Berechnung von Einkommen sowie zur Nichtberücksichtigung von Einkommen und Vermögen beim Arbeitslosengeld II/Sozialgeld (Arbeitslosengeld II/Sozialgeld-Verordnung – Alg II–V) vom 20.10.2004 (BGBl. I S. 2622) – siehe §§ 13, 14 SGB II

Verordnung zur Zulassung von kommunalen Trägern als Trägern der Grundsicherung für Arbeitsuchende (Kommunalträger-Zulassungsverordnung – KomtrZV) vom 24.9.2004 (BGBl. I S. 2349) – siehe § 6a SGB II

Verordnung zur Regelung der Grundsätze des Verfahrens für die Arbeit der Einigungsstellen nach dem Zweiten Buch Sozialgesetzbuch (Einigungsstellen-Verfahrensverordnung – EinigungsStVV) vom 23.11.2004 (BGBl. I S. 2916) – siehe § 45 SGB II

Verordnung über die Mindestanforderungen an die Vereinbarungen über Leistungen der Eingliederung nach dem Zweiten Buch Sozialgesetzbuch (Mindestanforderungs-Verordnung) vom 4.11.2004 (BGBl. I S. 2768) – siehe § 18 SGB II

Sozialgesetzbuch (SGB)
Zweites Buch (II)
– Grundsicherung für Arbeitsuchende –
(SGB II)

Inhaltsübersicht

Kapitel 1
Fördern und Fordern
§ 1 Aufgabe und Ziel der Grundsicherung für Arbeitsuchende
§ 2 Grundsatz des Forderns
§ 3 Leistungsgrundsätze
§ 4 Leistungsarten
§ 5 Verhältnis zu anderen Leistungen
§ 6 Träger der Grundsicherung für Arbeitsuchende
§ 6a Experimentierklausel
§ 6b Rechtsstellung der zugelassenen kommunalen Träger
§ 6c Wirkungsforschung zur Experimentierklausel

Kapitel 2
Anspruchsvoraussetzungen
§ 7 Berechtigte
§ 8 Erwerbsfähigkeit
§ 9 Hilfebedürftigkeit
§ 10 Zumutbarkeit
§ 11 Zu berücksichtigendes Einkommen
§ 12 Zu berücksichtigendes Vermögen
§ 13 Verordnungsermächtigung

Kapitel 3
Leistungen
Abschnitt 1
Leistungen zur Eingliederung in Arbeit
§ 14 Grundsatz des Förderns
§ 15 Eingliederungsvereinbarung
§ 16 Leistungen zur Eingliederung
§ 17 Einrichtungen und Dienste für Leistungen zur Eingliederung
§ 18 Örtliche Zusammenarbeit

Abschnitt 2
Leistungen zur Sicherung des Lebensunterhalts
Unterabschnitt 1
Arbeitslosengeld II
§ 19 Arbeitslosengeld II
§ 20 Regelleistung zur Sicherung des Lebensunterhalts
§ 21 Leistungen für Mehrbedarfe beim Lebensunterhalt
§ 22 für Unterkunft und Heizung
§ 23 Abweichende Erbringung von Leistungen
§ 24 Befristeter Zuschlag nach Bezug von Arbeitslosengeld
§ 25 Leistungen bei medizinischer Rehabilitation der Rentenversicherung und bei Anspruch auf Verletztengeld aus der Unfallversicherung
§ 26 Zuschuss zu Beiträgen bei Befreiung von der Versicherungspflicht
§ 27 Verordnungsermächtigung

Unterabschnitt 2
Sozialgeld
§ 28 Sozialgeld

Unterabschnitt 3
Anreize und Sanktionen
§ 29 Einstiegsgeld
§ 30 Freibeträge bei Erwerbstätigkeit
§ 31 Absenkung und Wegfall des Arbeitslosengeldes II
§ 32 Absenkung und Wegfall des Sozialgeldes

Unterabschnitt 4
Verpflichtungen anderer
§ 33 Übergang von Ansprüchen
§ 34 Ersatzansprüche
§ 35 Erbenhaftung

Kapitel 4
Gemeinsame Vorschriften für Leistungen
Abschnitt 1
Zuständigkeit und Verfahren
§ 36 Örtliche Zuständigkeit
§ 37 Antragserfordernis

Inhalt

§ 38   Vertretung der Bedarfsgemeinschaft
§ 39   Sofortige Vollziehbarkeit
§ 40   Anwendung von Verfahrensvorschriften
§ 41   Berechnung der Leistungen
§ 42   Auszahlung der Geldleistungen
§ 43   Aufrechnung
§ 44   Veränderung von Ansprüchen

Abschnitt 2
Einheitliche Entscheidung
§ 44a   Feststellung von Erwerbsfähigkeit und Hilfebedürftigkeit
§ 44b   Arbeitsgemeinschaften
§ 45   Gemeinsame Einigungsstelle

Kapitel 5
Finanzierung und Aufsicht
§ 46   Finanzierung aus Bundesmitteln
§ 47   Aufsicht
§ 48   Zielvereinbarungen
§ 49   Innenrevision

Kapitel 6
Datenübermittlung und Datenschutz
§ 50   Datenübermittlung
§ 51   Erhebung, Verarbeitung und Nutzung von Sozialdaten durch nichtöffentliche Stellen
§ 51a   Kundennummer
§ 51b   Datenerhebung und -verarbeitung durch die Träger der Grundsicherung für Arbeitsuchende
§ 51c   Verordnungsermächtigung
§ 52   Automatisierter Datenabgleich

Kapitel 7
Statistik und Forschung
§ 53 Statistik
§ 54 Eingliederungsbilanz
§ 55 Wirkungsforschung

Kapitel 8
Mitwirkungspflichten
§ 56 Anzeige- und Bescheinigungspflicht bei Arbeitsunfähigkeit
§ 57 Auskunftspflicht von Arbeitgebern
§ 58 Einkommensbescheinigung
§ 59 Meldepflicht
§ 60 Auskunftspflicht und Mitwirkungspflicht Dritter
§ 61 Auskunftspflichten bei Leistungen zur Eingliederung in Arbeit
§ 62 Schadenersatz

Kapitel 9
Bußgeldvorschriften
§ 63 Bußgeldvorschriften

Kapitel 10
Bekämpfung von Leistungsmissbrauch
§ 64 Zuständigkeit

Kapitel 11
Übergangs- und Schlussvorschriften
§ 65 Allgemeine Übergangsvorschriften
§ 65a Übergang zu den Leistungen zur Sicherung des Lebensunterhalts
§ 65b Übergang zu den Leistungen zur Eingliederung in Arbeit
§ 65c Übergang bei verminderter Leistungsfähigkeit
§ 65d Übermittlung von Daten
§ 65e Fortwirken von Vereinbarungen und Verwaltungsakten; Forderungsübergang
§ 66 Verordnungsermächtigung
Anlage (zu § 46 Abs. 9): Überprüfungs- und Anpassungskriterien

Kapitel 1
Fördern und Fordern

§ 1 Aufgabe und Ziel der Grundsicherung für Arbeitsuchende

(1) Die Grundsicherung für Arbeitsuchende soll die Eigenverantwortung von erwerbsfähigen Hilfebedürftigen und Personen, die mit ihnen in einer Bedarfsgemeinschaft leben, stärken und dazu beitragen, dass sie ihren Lebensunterhalt unabhängig von der Grundsicherung aus eigenen Mitteln und Kräften bestreiten können. Sie soll erwerbsfähige Hilfebedürftige bei der Aufnahme oder Beibehaltung einer Erwerbstätigkeit unterstützen und den Lebensunterhalt sichern, soweit sie ihn nicht auf andere Weise bestreiten können. Die Gleichstellung von Männern und Frauen ist als durchgängiges Prinzip zu verfolgen. Die Leistungen der Grundsicherung sind insbesondere darauf auszurichten, dass

1. durch eine Erwerbstätigkeit Hilfebedürftigkeit vermieden oder beseitigt, die Dauer der Hilfebedürftigkeit verkürzt oder der Umfang der Hilfebedürftigkeit verringert wird,
2. die Erwerbsfähigkeit des Hilfebedürftigen erhalten, verbessert oder wieder hergestellt wird,
3. geschlechtsspezifischen Nachteilen von erwerbsfähigen Hilfebedürftigen entgegengewirkt wird,
4. die familienspezifischen Lebensverhältnisse von erwerbsfähigen Hilfebedürftigen, die Kinder erziehen oder pflegebedürftige Angehörige betreuen, berücksichtigt werden,
5. behindertenspezifische Nachteile überwunden werden.

(2) Die Grundsicherung für Arbeitsuchende umfasst Leistungen

1. zur Beendigung oder Verringerung der Hilfebedürftigkeit insbesondere durch Eingliederung in Arbeit und
2. zur Sicherung des Lebensunterhalts.

§ 2 Grundsatz des Forderns

(1) Erwerbsfähige Hilfebedürftige und die mit ihnen in einer Bedarfsgemeinschaft lebenden Personen müssen alle Möglichkeiten zur Beendigung oder Verringerung ihrer Hilfebedürftigkeit ausschöpfen. Der erwerbsfähige Hilfebedürftige muss aktiv an allen Maßnahmen zu seiner Einglie-

derung in Arbeit mitwirken, insbesondere eine Eingliederungsvereinbarung abschließen. Wenn eine Erwerbstätigkeit auf dem allgemeinen Arbeitsmarkt in absehbarer Zeit nicht möglich ist, hat der erwerbsfähige Hilfebedürftige eine ihm angebotene zumutbare Arbeitsgelegenheit zu übernehmen.

(2) Erwerbsfähige Hilfebedürftige und die mit ihnen in einer Bedarfsgemeinschaft lebenden Personen haben in eigener Verantwortung alle Möglichkeiten zu nutzen, ihren Lebensunterhalt aus eigenen Mitteln und Kräften zu bestreiten. Erwerbsfähige Hilfebedürftige müssen ihre Arbeitskraft zur Beschaffung des Lebensunterhalts für sich und die mit ihnen in einer Bedarfsgemeinschaft lebenden Personen einsetzen.

§ 3 Leistungsgrundsätze

(1) Leistungen zur Eingliederung in Arbeit können erbracht werden, soweit sie zur Vermeidung oder Beseitigung, Verkürzung oder Verminderung der Hilfebedürftigkeit für die Eingliederung erforderlich sind. Bei den Leistungen zur Eingliederung in Arbeit sind

1. die Eignung,

2. die individuelle Lebenssituation, insbesondere die familiäre Situation,

3. die voraussichtliche Dauer der Hilfebedürftigkeit und

4. die Dauerhaftigkeit der Eingliederung

der erwerbsfähigen Hilfebedürftigen zu berücksichtigen. Vorrangig sollen Maßnahmen eingesetzt werden, die die unmittelbare Aufnahme einer Erwerbstätigkeit ermöglichen. Bei der Leistungserbringung sind die Grundsätze von Wirtschaftlichkeit und Sparsamkeit zu beachten.

(2) Erwerbsfähige Hilfebedürftige, die das 25. Lebensjahr noch nicht vollendet haben, sind unverzüglich nach Antragstellung auf Leistungen nach diesem Buch in eine Arbeit, eine Ausbildung oder eine Arbeitsgelegenheit zu vermitteln. Können Hilfebedürftige ohne Berufsabschluss nicht in eine Ausbildung vermittelt werden, soll die Agentur für Arbeit darauf hinweisen, dass die vermittelte Arbeit oder Arbeitsgelegenheit auch zur Verbesserung ihrer beruflichen Kenntnisse und Fähigkeiten beiträgt.

(3) Leistungen zur Sicherung des Lebensunterhalts dürfen nur erbracht werden, soweit die Hilfebedürftigkeit nicht anderweitig beseitigt werden kann.

§ 4 Leistungsarten

(1) Die Leistungen der Grundsicherung für Arbeitsuchende werden in Form von

1. Dienstleistungen, insbesondere durch Information, Beratung und umfassende Unterstützung durch einen persönlichen Ansprechpartner mit dem Ziel der Eingliederung in Arbeit,
2. Geldleistungen, insbesondere zur Eingliederung der erwerbsfähigen Hilfebedürftigen in Arbeit und zur Sicherung des Lebensunterhalts der erwerbsfähigen Hilfebedürftigen und der mit ihnen in einer Bedarfsgemeinschaft lebenden Personen, und
3. Sachleistungen

erbracht.

(2) Die nach § 6 zuständigen Träger der Grundsicherung für Arbeitsuchende wirken darauf hin, dass erwerbsfähige Hilfebedürftige und die mit ihnen in einer Bedarfsgemeinschaft lebenden Personen die erforderliche Beratung und Hilfe anderer Träger, insbesondere der Kranken- und Rentenversicherung, erhalten.

§ 5 Verhältnis zu anderen Leistungen

(1) Auf Rechtsvorschriften beruhende Leistungen Anderer, insbesondere der Träger anderer Sozialleistungen, werden durch dieses Buch nicht berührt. Ermessensleistungen dürfen nicht deshalb versagt werden, weil dieses Buch entsprechende Leistungen vorsieht.

(2) Der Anspruch auf Leistungen zur Sicherung des Lebensunterhalts nach diesem Buch schließt Leistungen nach dem Dritten Kapitel des Zwölften Buches aus. Dies gilt nicht für Leistungen nach § 34 des Zwölften Buches, soweit sie nicht nach § 22 Abs. 5 dieses Buches zu übernehmen sind. Leistungen nach dem Vierten Kapitel des Zwölften Buches sind gegenüber dem Sozialgeld vorrangig.

(3) Stellen Hilfebedürftige trotz Aufforderung einen erforderlichen Antrag auf Leistungen eines anderen Trägers nicht, können die Leistungsträger nach diesem Buch den Antrag stellen. Der Ablauf von Fristen, die ohne Verschulden der Leistungsträger nach diesem Buch verstrichen sind, wirkt nicht gegen die Leistungsträger nach diesem Buch; dies gilt nicht für Verfahrensfristen, soweit die Leistungsträger nach diesem Buch das Verfahren selbst betreiben.

§ 6 Träger der Grundsicherung für Arbeitsuchende

(1) Träger der Leistungen nach diesem Buch sind:

1. die Bundesagentur für Arbeit (Bundesagentur), soweit Nummer 2 nichts Anderes bestimmt,

2 die kreisfreien Städte und Kreise für die Leistungen nach § 16 Abs. 2 Satz 2 Nr. 1 bis 4, §§ 22 und 23 Abs. 3, soweit durch Landesrecht nicht andere Träger bestimmt sind (kommunale Träger).

Zu ihrer Unterstützung können sie Dritte mit der Wahrnehmung von Aufgaben beauftragen.

(2) Die Länder können bestimmen, dass und inwieweit die Kreise ihnen zugehörige Gemeinden oder Gemeindeverbände zur Durchführung der in Absatz 1 Satz 1 Nr. 2 genannten Aufgaben nach diesem Gesetz heranziehen und ihnen dabei Weisungen erteilen können; in diesen Fällen erlassen die Kreise den Widerspruchsbescheid nach dem Sozialgerichtsgesetz. § 44b Abs. 3 Satz 3 bleibt unberührt. Die Sätze 1 und 2 gelten auch in den Fällen des § 6a.

(3) Die Länder Berlin, Bremen und Hamburg werden ermächtigt, die Vorschriften dieses Gesetzes über die Zuständigkeit von Behörden für die Grundsicherung für Arbeitsuchende dem besonderen Verwaltungsaufbau ihrer Länder anzupassen.

§ 6a[1)] Experimentierklausel

(1) Zur Weiterentwicklung der Grundsicherung für Arbeitsuchende sollen an Stelle der Agenturen für Arbeit als Träger der Leistung nach § 6 Abs. 1 Satz 1 Nr. 1 im Wege der Erprobung kommunale Träger im Sinne des § 6 Abs. 1 Satz 1 Nr. 2 zugelassen werden können. Die Erprobung ist insbesondere auf alternative Modelle der Eingliederung von Arbeitsuchenden im Wettbewerb zu den Eingliederungsmaßnahmen der Agenturen für Arbeit ausgerichtet.

(2) Auf Antrag werden kommunale Träger vom Bundesministerium für Wirtschaft und Arbeit als Träger im Sinne des § 6 Abs. 1 Satz 1 Nr. 1 durch Rechtsverordnung ohne Zustimmung des Bundesrates zugelassen, wenn sie sich zur Schaffung einer besonderen Einrichtung nach Absatz 6 und zur Mitwirkung an der Wirkungsforschung nach § 6c verpflichtet haben

§ 6a

(zugelassene kommunale Träger). Für die Antragsberechtigung gilt § 6 Abs. 3 entsprechend.

(3) Die Zahl der zugelassenen kommunalen Träger beträgt höchstens 69. Zur Bestimmung der zuzulassenden kommunalen Träger werden zunächst bis zum Erreichen von Länderkontingenten, die sich aus der Stimmenverteilung im Bundesrat (Artikel 51 des Grundgesetzes) ergeben, die von den Ländern nach Absatz 4 benannten kommunalen Träger berücksichtigt. Nicht ausgeschöpfte Länderkontingente werden verteilt, indem die Länder nach ihrer Einwohnerzahl nach den Erhebungen des Statistischen Bundesamtes zum 31. Dezember 2002 in eine Reihenfolge gebracht werden. Entsprechend dieser Länderreihenfolge wird bei der Zulassung von kommunalen Trägern jeweils der in der Nennung des Landes nach Absatz 4 am höchsten gereihte kommunale Träger berücksichtigt, der bis dahin noch nicht für die Zulassung vorgesehen war.

(4) Der Antrag des kommunalen Trägers ist an die Zustimmung der zuständigen obersten Landesbehörde gebunden. Stellen in einem Land mehr kommunale Träger einen Antrag auf Zulassung als Träger im Sinne des § 6 Abs. 1 Satz 1 Nr. 1, als nach Absatz 3 zugelassen werden können, schlägt die oberste Landesbehörde dem Bundesministerium für Wirtschaft und Arbeit vor, in welcher Reihenfolge die antragstellenden kommunalen Träger zugelassen werden sollen.

(5) Der Antrag kann bis zum 15. September 2004 mit Wirkung ab dem 1. Januar 2005 gestellt werden. Die Zulassung wird für einen Zeitraum von sechs Jahren erteilt. Die zugelassenen kommunalen Träger nehmen die Trägerschaft für diesen Zeitraum wahr.

(6) Zur Wahrnehmung der Aufgaben an Stelle der Bundesagentur errichten die zugelassenen kommunalen Träger besondere Einrichtungen für die Erfüllung der Aufgaben nach diesem Buch.

(7) Das Bundesministerium für Wirtschaft und Arbeit kann mit Zustimmung der obersten Landesbehörde durch Rechtsverordnung ohne Zustimmung des Bundesrates die Zulassung widerrufen. Auf Antrag des zugelassenen kommunalen Trägers, der der Zustimmung der obersten Landesbehörde bedarf, widerruft das Bundesministerium für Wirtschaft und Arbeit die Zulassung durch Rechtsverordnung ohne Zustimmung des Bundesrates. In den Fällen des Satzes 2 endet die Trägerschaft, wenn eine

§ 6a

Arbeitsgemeinschaft mit der Agentur für Arbeit gebildet worden ist, im Übrigen ein Jahr nach der Antragstellung.

---

[1]) **Kommunalträger-Zulassungsverordnung (KomtrZV) vom 24. September 2004 (BGBl. I S. 2349):**

§ 1 Zugelassene kommunale Träger

(1) Die in der Anlage bezeichneten kommunalen Träger werden als Träger der Leistung nach § 6 Abs. 1 Satz 1 Nr. 1 des Zweiten Buches Sozialgesetzbuch zugelassen. Sie treten insoweit an die Stelle der für ihr Gebiet jeweils zuständigen Agentur für Arbeit.

(2) Die Zulassung wird für die Zeit vom 1. Januar 2005 bis 31. Dezember 2010 erteilt.

§ 2 Inkrafttreten, Außerkrafttreten

Diese Verordnung tritt am Tag nach der Verkündung in Kraft. Sie tritt am 31. Dezember 2010 außer Kraft.

Anlage (zu § 1 Abs. 1)

Baden-Württemberg:
1. Landkreis Biberach
2. Landkreis Bodenseekreis
3. Landkreis Ortenaukreis
4. Landkreis Tuttlingen
5. Landkreis Waldshut

Bayern:
1. Stadt Erlangen
2. Landkreis Miesbach
3. Stadt Schweinfurt
4. Landkreis Würzburg

Brandenburg:
1. Landkreis Spree-Neiße
2. Landkreis Uckermark
3. Landkreis Oberhavel
4. Landkreis Ostprignitz-Ruppin
5. Landkreis Oder-Spree

Hessen:
1. Landkreis Main-Kinzig-Kreis
2. Stadt Wiesbaden
3. Landkreis Main-Taunus-Kreis
4. Landkreis Fulda
5. Landkreis Odenwaldkreis
6. Landkreis Marburg-Biedenkopf
7. Landkreis Hochtaunuskreis
8. Landkreis Vogelsbergkreis
9. Landkreis Hersfeld-Rotenburg
10. Landkreis Offenbach
12. Landkreis Darmstadt-Dieburg
12. Landkreis Bergstraße
13. Landkreis Rheingau-Taunus-Kreis

Mecklenburg-Vorpommern:
Landkreis Ostvorpommern

Niedersachsen:
1. Landkreis Osnabrück
2. Landkreis Peine
3. Landkreis Emsland
4. Landkreis Osterode am Harz
5. Landkreis Osterholz
6. Landkreis Grafschaft Bentheim

§ 6b

7. Landkreis Leer
8. Landkreis Verden
9. Landkreis Oldenburg
10. Landkreis Göttingen
11. Landkreis Rotenburg (Wümme)
12. Landkreis Soltau-Fallingbostel
13. Landkreis Ammerland

Nordrhein-Westfalen:
1. Stadt Hamm
2. Stadt Mülheim a. d. Ruhr
3. Landkreis Steinfurt
4. Landkreis Coesfeld
5. Landkreis Düren
6. Landkreis Ennepe-Ruhr-Kreis
7. Landkreis Minden-Lübbecke
8. Landkreis Hochsauerlandkreis
9. Landkreis Kleve
10. Landkreis Borken

Rheinland-Pfalz:
1. Landkreis Daun
2. Landkreis Südwestpfalz

Saarland:
Landkreis St. Wendel

Sachsen:
1. Landkreis Bautzen
2. Landkreis Kamenz
3. Landkreis Döbeln
4. Landkreis Meißen
5. Landkreis Muldentalkreis
6. Landkreis Löbau-Zittau

Sachsen-Anhalt:
1. Landkreis Schönebeck
2. Landkreis Wernigerode
3. Landkreis Anhalt-Zerbst
4. Landkreis Merseburg-Querfurt
5. Landkreis Bernburg

Schleswig-Holstein:
1. Landkreis Nordfriesland
2. Landkreis Schleswig-Flensburg

Thüringen:
1. Stadt Jena
2. Landkreis Eichsfeld

§ 6b Rechtsstellung der zugelassenen kommunalen Träger

(1) Die zugelassenen kommunalen Träger sind an Stelle der Bundesagentur im Rahmen ihrer örtlichen Zuständigkeit Träger der Aufgaben nach § 6 Abs. 1 Satz 1 Nr. 1 mit Ausnahme der sich aus den §§ 44b, 50, 51a, 51b, 52, 53, 54, 55, 65a, 65b, 65d und 65e Abs. 2 ergebenden Aufgaben. Sie haben insoweit die Rechte und Pflichten der Agentur für Arbeit.

(2) Der Bund trägt die Aufwendungen der Grundsicherung für Arbeitsuchende einschließlich der Verwaltungskosten mit Ausnahme der Aufwendungen für Aufgaben nach § 6 Abs. 1 Satz 1 Nr. 2. Die Mittel nach § 46 Abs. 1 Satz 4 werden nach den Maßstäben zugewiesen, die für Agenturen für Arbeit bei der Ausführung von Aufgaben gemäß § 6 Abs. 1 Satz 1 Nr. 1 gelten. § 46 Abs. 5 bis 9 bleibt unberührt.

(3) Der Bundesrechnungshof ist berechtigt, die Leistungsgewährung zu prüfen.

§ 6c Wirkungsforschung zur Experimentierklausel

Das Bundesministerium für Wirtschaft und Arbeit untersucht die Wahrnehmung der Aufgaben durch die zugelassenen kommunalen Träger im Vergleich zur Aufgabenwahrnehmung durch die Agenturen für Arbeit und berichtet den gesetzgebenden Körperschaften des Bundes bis zum 31. Dezember 2008 über die Erfahrungen mit den Regelungen nach den §§ 6a bis 6c. Die Länder sind bei der Entwicklung der Untersuchungsansätze und der Auswertung der Untersuchung zu beteiligen.

Kapitel 2
Anspruchsvoraussetzungen

§ 7 Berechtigte

(1) Leistungen nach diesem Buch erhalten Personen, die

1. das 15. Lebensjahr vollendet und das 65. Lebensjahr noch nicht vollendet haben,

2. erwerbsfähig sind,

3. hilfebedürftig sind und

4. ihren gewöhnlichen Aufenthalt in der Bundesrepublik Deutschland haben

(erwerbsfähige Hilfebedürftige). Ausländer haben ihren gewöhnlichen Aufenthalt in der Bundesrepublik Deutschland und erhalten Leistungen nach diesem Buch, wenn die Voraussetzungen nach § 8 Abs. 2 vorliegen; dies gilt nicht für Leistungsberechtigte nach § 1 des Asylbewerberleistungsgesetzes. Aufenthaltsrechtliche Bestimmungen bleiben unberührt.

(2) Leistungen erhalten auch Personen, die mit erwerbsfähigen Hilfebedürftigen in einer Bedarfsgemeinschaft leben. Dienstleistungen und Sachleistungen werden ihnen nur erbracht, wenn dadurch

1. die Hilfebedürftigkeit der Angehörigen der Bedarfsgemeinschaft beendet oder verringert,

2. Hemmnisse bei der Eingliederung der erwerbsfähigen Hilfebedürftigen beseitigt oder vermindert werden.

§ 7

(3) Zur Bedarfsgemeinschaft gehören

1. die erwerbsfähigen Hilfebedürftigen,

2. die im Haushalt lebenden Eltern oder der im Haushalt lebende Elternteil eines minderjährigen, unverheirateten erwerbsfähigen Kindes und der im Haushalt lebende Partner dieses Elternteils,

3. als Partner der erwerbsfähigen Hilfebedürftigen

   a) der nicht dauernd getrennt lebende Ehegatte,

   b) die Person, die mit dem erwerbsfähigen Hilfebedürftigen in ehe-ähnlicher Gemeinschaft lebt,

   c) der nicht dauernd getrennt lebende Lebenspartner,

4. die dem Haushalt angehörenden minderjährigen unverheirateten Kinder der in den Nummern 1 bis 3 genannten Personen, soweit sie nicht aus eigenem Einkommen oder Vermögen die Leistungen zur Sicherung ihres Lebensunterhalts beschaffen können.

(4) Leistungen nach diesem Buch erhält nicht, wer für länger als sechs Monate in einer stationären Einrichtung untergebracht ist oder Rente wegen Alters bezieht.

(5) Auszubildende, deren Ausbildung im Rahmen des Bundesausbildungsförderungsgesetzes oder der §§ 60 bis 62 des Dritten Buches dem Grunde nach förderungsfähig ist, haben keinen Anspruch auf Leistungen zur Sicherung des Lebensunterhalts. In besonderen Härtefällen können Leistungen zur Sicherung des Lebensunterhalts als Darlehen geleistet werden.

(6) Absatz 5 findet keine Anwendung auf Auszubildende,

1. die auf Grund von § 2 Abs. 1a des Bundesausbildungsförderungsgesetzes keinen Anspruch auf Ausbildungsförderung oder auf Grund von § 64 Abs. 1 des Dritten Buches keinen Anspruch auf Berufsausbildungsbeihilfe haben oder

2. deren Bedarf sich nach § 12 Abs. 1 Nr. 1 des Bundesausbildungsförderungsgesetzes oder nach § 66 Abs. 1 Satz 1 des Dritten Buches bemisst.

§ 8 Erwerbsfähigkeit

(1) Erwerbsfähig ist, wer nicht wegen Krankheit oder Behinderung auf absehbare Zeit außerstande ist, unter den üblichen Bedingungen des allgemeinen Arbeitsmarktes mindestens drei Stunden täglich erwerbstätig zu sein.

(2) Im Sinne von Absatz 1 können Ausländer nur erwerbstätig sein, wenn ihnen die Aufnahme einer Beschäftigung erlaubt ist oder erlaubt werden könnte.

§ 9 Hilfebedürftigkeit

(1) Hilfebedürftig ist, wer seinen Lebensunterhalt, seine Eingliederung in Arbeit und den Lebensunterhalt der mit ihm in einer Bedarfsgemeinschaft lebenden Personen nicht oder nicht ausreichend aus eigenen Kräften und Mitteln, vor allem nicht

1. durch Aufnahme einer zumutbaren Arbeit,

2. aus dem zu berücksichtigenden Einkommen oder Vermögen sichern kann und die erforderliche Hilfe nicht von anderen, insbesondere von Angehörigen oder von Trägern anderer Sozialleistungen erhält.

(2) Bei Personen, die in einer Bedarfsgemeinschaft leben, sind das Einkommen und Vermögen des Partners zu berücksichtigen. Bei minderjährigen unverheirateten Kindern, die mit ihren Eltern oder einem Elternteil in einer Bedarfsgemeinschaft leben und die die Leistungen zur Sicherung ihres Lebensunterhalts nicht aus ihrem eigenen Einkommen oder Vermögen beschaffen können, sind auch das Einkommen und Vermögen der Eltern oder des Elternteils zu berücksichtigen. Ist in einer Bedarfsgemeinschaft nicht der gesamte Bedarf aus eigenen Kräften und Mitteln gedeckt, gilt jede Person der Bedarfsgemeinschaft im Verhältnis des eigenen Bedarfs zum Gesamtbedarf als hilfebedürftig.

(3) Absatz 2 Satz 2 findet keine Anwendung auf ein Kind, das schwanger ist oder sein Kind bis zur Vollendung des sechsten Lebensjahres betreut.

§ 10

(4) Hilfebedürftig ist auch derjenige, dem der sofortige Verbrauch oder die sofortige Verwertung von zu berücksichtigendem Vermögen nicht möglich ist oder für den dies eine besondere Härte bedeuten würde; in diesem Falle sind die Leistungen als Darlehen zu erbringen.

(5) Leben Hilfebedürftige in Haushaltsgemeinschaft mit Verwandten oder Verschwägerten, so wird vermutet, dass sie von ihnen Leistungen erhalten, soweit dies nach deren Einkommen und Vermögen erwartet werden kann.

§ 10 Zumutbarkeit

(1) Dem erwerbsfähigen Hilfebedürftigen ist jede Arbeit zumutbar, es sei denn, dass

1. er zu der bestimmten Arbeit körperlich, geistig oder seelisch nicht in der Lage ist,

2. die Ausübung der Arbeit ihm die künftige Ausübung seiner bisherigen überwiegenden Arbeit wesentlich erschweren würde, weil die bisherige Tätigkeit besondere körperliche Anforderungen stellt,

3. die Ausübung der Arbeit die Erziehung seines Kindes oder eines Kindes seines Partners gefährden würde; die Erziehung des Kindes, das das dritte Lebensjahr vollendet hat, ist in der Regel nicht gefährdet, soweit seine Betreuung in einer Tageseinrichtung oder in Tagespflege im Sinne der Vorschriften des Achten Buches oder auf sonstige Weise sichergestellt ist; die zuständigen kommunalen Träger sollen darauf hinwirken, dass erwerbsfähigen Erziehenden vorrangig ein Platz zur Tagesbetreuung des Kindes angeboten wird,

4. die Ausübung der Arbeit mit der Pflege eines Angehörigen nicht vereinbar wäre und die Pflege nicht auf andere Weise sichergestellt werden kann,

5. der Ausübung der Arbeit ein sonstiger wichtiger Grund entgegensteht.

(2) Eine Arbeit ist nicht allein deshalb unzumutbar, weil

1. sie nicht einer früheren beruflichen Tätigkeit des erwerbsfähigen Hilfebedürftigen entspricht, für die er ausgebildet ist oder die er ausgeübt hat,

§ 11

2. sie im Hinblick auf die Ausbildung des erwerbsfähigen Hilfebedürftigen als geringerwertig anzusehen ist,

3. der Beschäftigungsort vom Wohnort des erwerbsfähigen Hilfebedürftigen weiter entfernt ist als ein früherer Beschäftigungs- oder Ausbildungsort,

4. die Arbeitsbedingungen ungünstiger sind als bei den bisherigen Beschäftigungen des erwerbsfähigen Hilfebedürftigen.

(3) Die Absätze 1 und 2 gelten für die Teilnahme an Maßnahmen zu Eingliederung in Arbeit entsprechend.

§ 11[1)] Zu berücksichtigendes Einkommen

(1) Als Einkommen zu berücksichtigen sind Einnahmen in Geld oder Geldeswert mit Ausnahme der Leistungen nach diesem Buch, der Grundrente nach dem Bundesversorgungsgesetz und nach den Gesetzen, die eine entsprechende Anwendung des Bundesversorgungsgesetzes vorsehen und der Renten oder Beihilfen, die nach dem Bundesentschädigungsgesetz für Schaden an Leben sowie an Körper oder Gesundheit erbracht werden, bis zur Höhe der vergleichbaren Grundrente nach dem Bundesversorgungsgesetz. Der Kinderzuschlag nach § 6a des Bundeskindergeldgesetzes ist als Einkommen dem jeweiligen Kind zuzurechnen. Dies gilt auch für das Kindergeld für minderjährige Kinder, soweit es bei dem jeweiligen Kind zur Sicherung des Lebensunterhalts benötigt wird.

(2) Vom Einkommen sind abzusetzen

1. auf das Einkommen entrichtete Steuern,

2. Pflichtbeiträge zur Sozialversicherung einschließlich der Beiträge zur Arbeitsförderung,

3. Beiträge zu öffentlichen oder privaten Versicherungen oder ähnlichen Einrichtungen, soweit diese Beiträge gesetzlich vorgeschrieben oder nach Grund und Höhe angemessen sind; hierzu gehören Beiträge

   a) zur Vorsorge für den Fall der Krankheit und der Pflegebedürftigkeit für Personen, die in der gesetzlichen Krankenversicherung nicht versicherungspflichtig sind,

§ 11

b) zur Altersvorsorge von Personen, die von der Versicherungspflicht in der gesetzlichen Rentenversicherung befreit sind,

soweit die Beiträge nicht nach § 26 bezuschusst werden,

4. geförderte Altersvorsorgebeiträge nach § 82 des Einkommensteuergesetzes, soweit sie den Mindesteigenbetrag nach § 86 des Einkommensteuergesetzes nicht überschreiten,

5. die mit der Erzielung des Einkommens verbundenen notwendigen Ausgaben,

6. für Erwerbstätige ferner ein Betrag nach § 30.

(3) Nicht als Einkommen sind zu berücksichtigen

1. Einnahmen, soweit sie als

    a) zweckbestimmte Einnahmen,

    b) Zuwendungen der freien Wohlfahrtspflege

einem anderen Zweck als die Leistungen nach diesem Buch dienen und die Lage des Empfängers nicht so günstig beeinflussen, dass daneben Leistungen nach diesem Buch nicht gerechtfertigt wären,

2. Entschädigungen, die wegen eines Schadens, der nicht Vermögensschaden ist, nach § 253 Abs. 2 des Bürgerlichen Gesetzbuchs geleistet werden.

---

[1] **§§ 1 bis 3 der Arbeitslosengeld II /Sozialgeld-Verordnung vom 20. Oktober 2004 (BGBl. I S. 2622):**

§ 1 Nicht als Einkommen zu berücksichtigende Einnahmen

(1) Außer den in § 11 Abs. 3 des Zweiten Buches Sozialgesetzbuch genannten Einnahmen sind nicht als Einkommen zu berücksichtigen:

1. einmalige Einnahmen und Einnahmen, die in größeren als monatlichen Zeitabständen anfallen, wenn sie jährlich 50 Euro nicht übersteigen,

2. Zuwendungen Dritter, die einem anderen Zweck als die Leistungen nach dem Zweiten Buch Sozialgesetzbuch dienen, soweit sie die Lage des Empfängers nicht so günstig beeinflussen, dass daneben Leistungen der Grundsicherung für Arbeitsuchende nicht gerechtfertigt wären,

3. nicht steuerpflichtige Einnahmen einer Pflegeperson für Leistungen der Grundpflege und der hauswirtschaftlichen Versorgung,

§ 11

4. bei Soldaten der Auslandsverwendungszuschlag und der Leistungszuschlag,
5. die aus Mitteln des Bundes gezahlte Überbrückungsbeihilfe gemäß Artikel IX Abs. 4 des Abkommens zwischen den Parteien des Nordatlantikvertrages über die Rechtsstellung ihrer Truppen (NATO-Truppenstatut) vom 19. Juni 1951 (BGBl. 1961 II S.1190) an ehemalige Arbeitnehmer bei den Stationierungsstreitkräften und gemäß Artikel 5 des Gesetzes zu den Notenwechseln vom 25. September 1990 und 23. September 1991 über die Rechtsstellung der in Deutschland stationierten verbündeten Streitkräfte und zu den Übereinkommen vom 25. September 1990 zur Regelung bestimmter Fragen in Bezug auf Berlin vom 3. Januar 1994 (BGBl. 1994 II S. 26) an ehemalige Arbeitnehmer bei den alliierten Streitkräften in Berlin,
6. bis zum 31.Dezember 2007 die Übergangsbeihilfe nach
   a) der Nummer 14 der Richtlinien über die Gewährung von Beihilfen für Arbeitnehmer der Eisen- und Stahlindustrie, die von Maßnahmen im Sinne des Artikels 56 Abs. 2 Buchstabe b des Vertrages über die Gründung der Europäischen Gemeinschaft für Kohle und Stahl betroffen werden, vom 26. April 1978 (BAnz. Nr. 100 vom 2. Juni 1978), zuletzt geändert durch die Richtlinie vom 30. Dezember 1994 (BAnz. 1995 S. 165),
   b) der Nummer 13 der Richtlinien über die Gewährung von Beihilfen für Arbeitnehmer der Eisen- und Stahlindustrie, die von Maßnahmen im Sinne des Artikels 56 Abs. 2 Buchstabe b des Vertrages über die Gründung der Europäischen Gemeinschaft für Kohle und Stahl betroffen werden, vom 18. Dezember 1995 (BAnz. S. 12951), zuletzt geändert durch die Richtlinie vom 10. Dezember 1996 (BAnz. S. 13069),
   c) der Nummer 11 der Richtlinie über die Gewährung von Beihilfen für Arbeitnehmer der Eisen- und Stahlindustrie, die von Maßnahmen im Sinne des Artikels 56 Abs. 2 Buchstabe b des Vertrages über die Gründung der Europäischen Gemeinschaft für Kohle und Stahl betroffen werden, vom 25. März 1998 (BAnz. S. 4951), zuletzt geändert durch die Richtlinie vom 1. Februar 2002 (BAnz. S. 2501);

   hierbei gilt die dem Entlassenen vom Unternehmen gewährte Übergangsbeihilfe jedoch nur in Höhe des Betrages, der dem Unternehmen von der Bundesagentur für Arbeit erstattet wird, nicht als Einkommen.

(2) Bei der § 9 Abs. 5 des Zweiten Buches Sozialgesetzbuch zugrunde liegenden Vermutung, dass Verwandte und Verschwägerte an mit ihnen in Haushaltsgemeinschaft lebende Hilfebedürftige Leistungen erbringen, sind die um die Absetzbeträge nach § 11 Abs. 2 des Zweiten Buches bereinigten Einnahmen in der Regel nicht als Einkommen zu berücksichtigen, soweit sie einen Freibetrag in Höhe des doppelten Satzes der nach § 20 Abs. 2 des Zweiten Buches Sozialgesetzbuch maßgebenden Regelleistung zuzüglich der anteiligen Aufwendungen für Unterkunft und Heizung sowie darüber hinausgehend 50 Prozent der diesen Freibetrag übersteigenden bereinigten Einnahmen nicht überschreiten. § 11 Abs. 1 und 3 des Zweiten Buches Sozialgesetzbuch gilt entsprechend.

§ 11

§ 2 Berechnung des Einkommens

(1) Bei der Berechnung des Einkommens ist von den Bruttoeinnahmen auszugehen.

(2) Laufende Einnahmen sind für den Monat zu berücksichtigen, in dem sie zufließen. Für laufende Einnahmen, die in größeren als monatlichen Zeitabständen oder in unterschiedlicher Höhe zufließen, gilt Absatz 3 entsprechend.

(3) Einmalige Einnahmen sind von dem Monat an zu berücksichtigen, in dem sie zufließen. Leistungen zur Sicherung des Lebensunterhalts sollen für die Zahl von ganzen Tagen nicht erbracht werden, die sich unter Berücksichtigung der monatlichen Einnahmen nach Abzug von Freibeträgen und Absetzbeträgen bei Teilung der Gesamteinnahmen durch den ermittelten täglichen Bedarf einschließlich der zu zahlenden Beiträge für eine freiwillige Weiterversicherung in der Kranken- und Pflegeversicherung ergibt.

(4) Sachleistungen sind nach der Sachbezugsverordnung in der jeweils geltenden Fassung zu bewerten. Soweit in der Sachbezugsverordnung ein Wert nicht festgesetzt ist, sind die üblichen Mittelpreise des Verbrauchsortes zugrunde zu legen.

(5) Das Einkommen kann nach Anhörung des Beziehers geschätzt werden, wenn

1. Leistungen der Grundsicherung für Arbeitsuchende einmalig oder für kurze Zeit zu erbringen sind oder Einkommen nur für kurze Zeit zu berücksichtigen ist oder

2. die Entscheidung über die Erbringung von Leistungen der Grundsicherung für Arbeitsuchende im Einzelfall keinen Aufschub duldet.

§ 3 Pauschbeträge für vom Einkommen abzusetzende Beträge

Als Pauschbeträge sind abzusetzen

1. von dem Einkommen volljähriger Hilfebedürftiger und von dem Einkommen minderjähriger Hilfebedürftiger, soweit diese nicht mit volljährigen Hilfebedürftigen in Bedarfsgemeinschaft nach § 7 Abs. 3 des Zweiten Buches Sozialgesetzbuch leben, ein Betrag in Höhe von 30 Euro monatlich für die Beiträge zu privaten Versicherungen, die nach Grund und Höhe angemessen sind, gemäß § 11 Abs. 2 Nr. 3 des Zweiten Buches Sozialgesetzbuch,

2. von dem Einkommen aus Erwerbstätigkeit vor der Berechnung des Freibetrages bei Erwerbstätigkeit gemäß § 11 Abs. 2 Nr. 6 in Verbindung mit § 30 des Zweiten Buches Sozialgesetzbuch diejenigen Beträge, die sich für die jeweilige Stufe nach § 30 Nr. 1 bis 3 des Zweiten Buches Sozialgesetzbuch unter Zugrundelegung eines für alle Stufen einheitlichen Satzes für die Absetzbeträge nach § 11 Abs. 2 Nr. 1 bis 5 des Zweiten Buches Sozialgesetzbuch ergeben; der einheitliche Satz entspricht dem Anteil des gesamten, um die Absetzbeträge nach § 11 Abs. 2 Nr. 1 bis 5 des Zweiten Buches Sozialgesetzbuch bereinigten Einkommens aus Erwerbstätigkeit am gesamten Bruttolohn aus Erwerbstätigkeit.

3. von dem Einkommen Erwerbstätiger für die Beträge nach § 11 Abs. 2 Nr. 5 des Zweiten Buches Sozialgesetzbuch

   a) bei Einkommen aus unselbständiger Erwerbstätigkeit

   aa) monatlich ein Sechzigstel der steuerrechtlichen Werbungskostenpauschale als mit seiner Erzielung verbundene notwendige Ausgaben,

   bb) zusätzlich für Wegstrecken zur Ausübung der Erwerbstätigkeit 0,06 Euro für jeden Entfernungskilometer der kürzesten Straßenverbindung,

   b) bei Einkommen aus selbständiger Erwerbstätigkeit die mit der Erzielung des Einkommens verbundenen Betriebsausgaben in Höhe von 30 Prozent der Betriebseinnahmen,

   soweit der erwerbsfähige Hilfebedürftige nicht höhere notwendige Ausgaben nachweist.

§ 12[1]) Zu berücksichtigendes Vermögen

(1) Als Vermögen sind alle verwertbaren Vermögensgegenstände zu berücksichtigen.

(2) Vom Vermögen sind abzusetzen

1. ein Grundfreibetrag in Höhe von 200 Euro je vollendetem Lebensjahr des volljährigen Hilfebedürftigen und seines Partners, mindestens aber jeweils 4100 Euro; der Grundfreibetrag darf für den Hilfebedürftigen und seinen Partner jeweils 13 000 Euro nicht übersteigen,

1a. ein Grundfreibetrag in Höhe von 4100 Euro für jedes hilfebedürftige minderjährige Kind,

2. Altersvorsorge in Höhe des nach Bundesrecht ausdrücklich als Altersvorsorge geförderten Vermögens einschließlich seiner Erträge und der geförderten laufenden Altersvorsorgebeiträge, soweit der Inhaber das Altersvorsorgevermögen nicht vorzeitig verwendet,

3. geldwerte Ansprüche, die der Altersvorsorge dienen, soweit der Inhaber sie vor dem Eintritt in den Ruhestand auf Grund einer vertraglichen Vereinbarung nicht verwerten kann und der Wert der geldwerten Ansprüche 200 Euro je vollendetem Lebensjahr des erwerbsfähigen Hilfebedürftigen und seines Partners, höchstens jedoch jeweils 13 000 Euro nicht übersteigt,

4. ein Freibetrag für notwendige Anschaffungen in Höhe von 750 Euro für jeden in der Bedarfsgemeinschaft lebenden Hilfebedürftigen.

§ 12

(3) Als Vermögen sind nicht zu berücksichtigen

1. angemessener Hausrat,
2. ein angemessenes Kraftfahrzeug für jeden in der Bedarfsgemeinschaft lebenden erwerbsfähigen Hilfebedürftigen,
3. vom Inhaber als für die Altersvorsorge bestimmt bezeichnete Vermögensgegenstände in angemessenem Umfang, wenn der erwerbsfähige Hilfebedürftige oder sein Partner von der Versicherungspflicht in der gesetzlichen Rentenversicherung befreit ist,
4. ein selbst genutztes Hausgrundstück von angemessener Größe oder eine entsprechende Eigentumswohnung,
5. Vermögen, solange es nachweislich zur baldigen Beschaffung oder Erhaltung eines Hausgrundstücks von angemessener Größe bestimmt ist, soweit dieses zu Wohnzwecken behinderter oder pflegebedürftiger Menschen dient oder dienen soll und dieser Zweck durch den Einsatz oder die Verwertung des Vermögens gefährdet würde,
6. Sachen und Rechte, soweit ihre Verwertung offensichtlich unwirtschaftlich ist oder für den Betroffenen eine besondere Härte bedeuten würde.

Für die Angemessenheit sind die Lebensumstände während des Bezugs der Leistungen zur Grundsicherung für Arbeitsuchende maßgebend.

(4) Das Vermögen ist mit seinem Verkehrswert zu berücksichtigen. Für die Bewertung ist der Zeitpunkt maßgebend, in dem der Antrag auf Bewilligung oder erneute Bewilligung der Leistungen der Grundsicherung für Arbeitsuchende gestellt wird, bei späterem Erwerb von Vermögen der Zeitpunkt des Erwerbs. Wesentliche Änderungen des Verkehrswertes sind zu berücksichtigen.

---

[1] **§§ 4 und 5 der Arbeitslosengeld II /Sozialgeld-Verordnung vom 20. Oktober 2004 (BGBl. I S. 2622):**

§ 4 Nicht zu berücksichtigendes Vermögen

(1) Außer dem in § 12 Abs. 3 des Zweiten Buches Sozialgesetzbuch genannten Vermögen sind Vermögensgegenstände nicht als Vermögen zu berücksichtigen, die zur Aufnahme oder Fortsetzung der Berufsausbildung oder der Erwerbstätigkeit unentbehrlich sind.

(2) Bei der § 9 Abs. 5 des Zweiten Buches Sozialgesetzbuch zugrunde liegenden Vermutung, dass Verwandte und Verschwägerte an mit ihnen in Haushaltsgemeinschaft lebende Hilfebedürftige Leistungen erbringen, ist Vermögen nicht zu

berücksichtigen, das nach § 12 Abs. 2 des Zweiten Buches Sozialgesetzbuch abzusetzen oder nach § 12 Abs. 3 des Zweiten Buches Sozialgesetzbuch nicht zu berücksichtigen ist.

§ 5 Wert des Vermögens

Das Vermögen ist ohne Rücksicht auf steuerrechtliche Vorschriften mit seinem Verkehrswert zu berücksichtigen.

§ 13 Verordnungsermächtigung

Das Bundesministerium für Wirtschaft und Arbeit wird ermächtigt, im Einvernehmen mit dem Bundesministerium der Finanzen ohne Zustimmung des Bundesrates durch Rechtsverordnung zu bestimmen,

1. welche weiteren Einnahmen nicht als Einkommen zu berücksichtigen sind und wie das Einkommen im Einzelnen zu berechnen ist,
2. welche weiteren Vermögensgegenstände nicht als Vermögen zu berücksichtigen sind und wie der Wert des Vermögens zu ermitteln ist,
3. welche Pauschbeträge für die von dem Einkommen abzusetzenden Beträge zu berücksichtigen sind.

Durch Rechtsverordnung nach Nummer 1 ist auch im Einvernehmen mit dem Bundesministerium für Gesundheit und Soziale Sicherung zu erlassen.

Kapitel 3
Leistungen

Abschnitt 1
Leistungen zur Eingliederung in Arbeit

§ 14 Grundsatz des Förderns

Die Träger der Leistungen nach diesem Buch unterstützen erwerbsfähige Hilfebedürftige umfassend mit dem Ziel der Eingliederung in Arbeit. Die Agentur für Arbeit soll einen persönlichen Ansprechpartner für jeden erwerbsfähigen Hilfebedürftigen und die mit ihm in einer Bedarfsgemeinschaft Lebenden benennen. Die Träger der Leistungen nach diesem Buch erbringen unter Berücksichtigung der Grundsätze von Wirtschaftlichkeit und Sparsamkeit alle im Einzelfall für die Eingliederung in Arbeit erforderlichen Leistungen.

§ 15 Eingliederungsvereinbarung

(1) Die Agentur für Arbeit soll im Einvernehmen mit dem kommunalen Träger mit jedem erwerbsfähigen Hilfebedürftigen die für seine Eingliederung erforderlichen Leistungen vereinbaren (Eingliederungsvereinbarung). Die Eingliederungsvereinbarung soll insbesondere bestimmen,

1. welche Leistungen der Erwerbsfähige zur Eingliederung in Arbeit erhält,
2. welche Bemühungen der erwerbsfähige Hilfebedürftige in welcher Häufigkeit zur Eingliederung in Arbeit mindestens unternehmen muss und in welcher Form er die Bemühungen nachzuweisen hat.

Die Eingliederungsvereinbarung soll für sechs Monate geschlossen werden. Danach soll eine neue Eingliederungsvereinbarung abgeschlossen werden. Bei jeder folgenden Eingliederungsvereinbarung sind die bisher gewonnenen Erfahrungen zu berücksichtigen. Kommt eine Eingliederungsvereinbarung nicht zustande, sollen die Regelungen nach Satz 2 durch Verwaltungsakt erfolgen.

(2) In der Eingliederungsvereinbarung kann auch vereinbart werden, welche Leistungen die Personen erhalten, die mit dem erwerbsfähigen Hilfebedürftigen in einer Bedarfsgemeinschaft leben. Diese Personen sind hierbei zu beteiligen.

(3) Wird in der Eingliederungsvereinbarung eine Bildungsmaßnahme vereinbart, ist auch zu regeln, in welchem Umfang und unter welchen Voraussetzungen der erwerbsfähige Hilfebedürftige schadenersatzpflichtig ist, wenn er die Maßnahme aus einem von ihm zu vertretenden Grund nicht zu Ende führt.

§ 16 Leistungen zur Eingliederung

(1) Als Leistungen zur Eingliederung in Arbeit kann die Agentur für Arbeit alle im Dritten Kapitel, im Ersten bis Dritten und Sechsten Abschnitt des Vierten Kapitels, im Fünften Kapitel, im Ersten, Fünften und Siebten Abschnitt des Sechsten Kapitels und die in den §§ 417, 421g, 421i, 421k und 421m des Dritten Buches geregelten Leistungen erbringen. Für Eingliederungsleistungen an erwerbsfähige behinderte Hilfebedürftige nach diesem Buch gelten die §§ 97 bis 99, 100 Nr. 1 bis 3 und 6, § 101 Abs. 1, 2, 4 und 5, §§ 102, 103 Satz 1 Nr. 3, Satz 2, § 109 Abs. 1 Satz 1 und Abs. 2 des Dritten Buches entsprechend. Soweit dieses Buch für die einzelnen Leistungen nach den Sätzen 1 und 2 keine abweichenden Voraus-

setzungen regelt, gelten diejenigen des Dritten Buches. Die §§ 8 und 37 Abs. 4 des Dritten Buches sind entsprechend anzuwenden. § 41 Abs. 3 Satz 4 des Dritten Buches ist mit der Maßgabe entsprechend anzuwenden, dass an die Stelle des Arbeitslosengeldes das Arbeitslosengeld II tritt. Den zugelassenen kommunalen Trägern obliegt auch die Arbeitsvermittlung für Bezieher von Leistungen nach diesem Buch.

(2) Über die in Absatz 1 genannten Leistungen hinaus können weitere Leistungen erbracht werden, die für die Eingliederung des erwerbsfähigen Hilfebedürftigen in das Erwerbsleben erforderlich sind. Dazu gehören insbesondere

1. die Betreuung minderjähriger oder behinderter Kinder oder die häusliche Pflege von Angehörigen,

2. die Schuldnerberatung,

3. die psychosoziale Betreuung,

4. die Suchtberatung,

5. das Einstiegsgeld nach § 29,

6. Leistungen nach dem Altersteilzeitgesetz.

(3) Für erwerbsfähige Hilfebedürftige, die keine Arbeit finden können, sollen Arbeitsgelegenheiten geschaffen werden. Werden Gelegenheiten für im öffentlichen Interesse liegende, zusätzliche Arbeiten nicht nach Absatz 1 als Arbeitsbeschaffungsmaßnahmen gefördert, ist den erwerbsfähigen Hilfebedürftigen zuzüglich zum Arbeitslosengeld II eine angemessene Entschädigung für Mehraufwendungen zu zahlen; diese Arbeiten begründen kein Arbeitsverhältnis im Sinne des Arbeitsrechts; die Vorschriften über den Arbeitsschutz und das Bundesurlaubsgesetz sind entsprechend anzuwenden; für Schäden bei der Ausübung ihrer Tätigkeit haften erwerbsfähige Hilfebedürftige nur wie Arbeitnehmerinnen und Arbeitnehmer.

(4) Entfällt die Hilfebedürftigkeit des Erwerbsfähigen während einer Maßnahme zur Eingliederung nach den Absätzen 1 bis 3, kann sie durch Darlehen weiter gefördert werden, wenn bereits zwei Drittel der Maßnahme durchgeführt sind und der Erwerbsfähige diese voraussichtlich erfolgreich abschließen wird.

§ 17 Einrichtungen und Dienste für Leistungen zur Eingliederung

(1) Zur Erbringung von Leistungen zur Eingliederung in Arbeit sollen die zuständigen Träger der Leistungen nach diesem Buch eigene Einrich-

§ 18

tungen und Dienste nicht neu schaffen, soweit geeignete Einrichtungen und Dienste Dritter vorhanden sind, ausgebaut oder in Kürze geschaffen werden können. Die zuständigen Träger der Leistungen nach diesem Buch sollen Träger der freien Wohlfahrtspflege in ihrer Tätigkeit auf dem Gebiet der Grundsicherung für Arbeitsuchende angemessen unterstützen.

(2) Wird die Leistung von einem Dritten erbracht und sind im Dritten Buch keine Anforderungen geregelt, denen die Leistung entsprechen muss, sind die Träger der Leistungen nach diesem Buch zur Vergütung für die Leistung nur verpflichtet, wenn mit dem Dritten oder seinem Verband eine Vereinbarung insbesondere über

1. Inhalt, Umfang und Qualität der Leistungen,

2. die Vergütung, die sich aus Pauschalen und Beträgen für einzelne Leistungsbereiche zusammensetzen kann, und

3. die Prüfung der Wirtschaftlichkeit und Qualität der Leistungen

besteht. Die Vereinbarungen müssen den Grundsätzen der Wirtschaftlichkeit, Sparsamkeit und Leistungsfähigkeit entsprechen.

§ 18[1)] Örtliche Zusammenarbeit

(1) Die Agenturen für Arbeit arbeiten bei der Erbringung von Leistungen zur Eingliederung in Arbeit unter Berücksichtigung ihrer Aufgaben nach dem Dritten Buch mit den Beteiligten des örtlichen Arbeitsmarktes, insbesondere den Gemeinden, den Kreisen und Bezirken, den Trägern der freien Wohlfahrtspflege, den Vertretern der Arbeitgeber und Arbeitnehmer sowie den Kammern und berufsständischen Organisationen zusammen, um die gleichmäßige oder gemeinsame Durchführung von Maßnahmen zu beraten oder zu sichern und Leistungsmissbrauch zu verhindern oder aufzudecken. Die örtlichen Träger der Sozialhilfe sind verpflichtet, mit den Agenturen für Arbeit zusammenzuarbeiten.

(1a) Absatz 1 gilt für die kommunalen Träger und die zugelassenen kommunalen Träger entsprechend.

(2) Die Leistungen nach diesem Buch sind in das regionale Arbeitsmarktmonitoring der Agenturen für Arbeit nach § 9 Abs. 2 des Dritten Buches einzubeziehen.

§ 18

(3) Die Agenturen für Arbeit sollen mit Gemeinden, Kreisen und Bezirken auf deren Verlangen Vereinbarungen über das Erbringen von Leistungen zur Eingliederung nach diesem Gesetz mit Ausnahme der Leistungen nach § 16 Abs. 1 schließen, wenn sie den durch eine Rechtsverordnung festgelegten Mindestanforderungen entsprechen. Satz 1 gilt nicht für die zugelassenen kommunalen Träger.

(4) Das Bundesministerium für Wirtschaft und Arbeit wird ermächtigt, ohne Zustimmung des Bundesrates durch Rechtsverordnung zu bestimmen, welchen Anforderungen eine Vereinbarung nach Absatz 3 mindestens genügen muss.

---

[1] **Mindestanforderungs-Verordnung vom 4. November 2004 (BGBl. I S. 2768):**

§ 1 Grundsatz

Die Agenturen für Arbeit sollen mit Gemeinden, Kreisen und Bezirken ohne Vergabeverfahren auf deren Verlangen zur Durchführung der Grundsicherung für Arbeitsuchende Vereinbarungen über das Erbringen von Leistungen zur Eingliederung in Arbeit mit Ausnahme der Leistungen nach § 16 Abs. 1 des Zweiten Buches Sozialgesetzbuch schließen, wenn die Vereinbarungen den Mindestanforderungen des § 2 entsprechen.

§ 2 Mindestanforderungen

Eine Vereinbarung über das Erbringen von Eingliederungsleistungen muss mindestens

1. eine Beschreibung von Inhalt, Umfang und Qualität der Leistungen (Leistungsvereinbarung),
2. eine verbindliche Regelung über die Vergütung, die sich aus Pauschalen und Beträgen für einzelne Leistungsbereiche zusammensetzt (Vergütungsvereinbarung),
3. überprüfbare Anforderungen an die Überprüfung von Wirtschaftlichkeit und Qualität der Leistungen (Prüfungsvereinbarung)

sowie Regelungen über Mitteilungspflicht, Befristung und Kündigung beinhalten.

§ 3 Leistungsvereinbarung

Die Leistungsvereinbarung muss die wesentlichen Leistungsmerkmale festlegen. Dies sind mindestens

1. die Beschreibung der zu erbringenden Leistung,
2. Ziel und Qualität der Leistung,
3. die Qualifikation des Personals,

§ 18

4. die erforderliche räumliche, sächliche und personelle Ausstattung und

5. die Verpflichtung, im Rahmen des Leistungsangebotes Leistungsberechtigte aufzunehmen.

§ 4 Vergütungsvereinbarung

Die Vergütungsvereinbarung muss den Grundsätzen der Wirtschaftlichkeit und Sparsamkeit entsprechen. Die Gemeinde, der Kreis oder der Bezirk haben jeweils nach längstens sechs Monaten die Kosten für die erbrachten Leistungen abzurechnen.

§ 5 Prüfungsvereinbarung

Die Prüfungsvereinbarung muss mindestens das Recht der Agentur für Arbeit beinhalten, die Wirtschaftlichkeit und Qualität der Leistung zu prüfen und mit Leistungen zu vergleichen, die von Dritten zur Erreichung des mit der Leistung verfolgten Ziels angeboten oder durchgeführt werden; sie muss insbesondere das Recht auf

1. das Betreten von Grundstücken und Geschäftsräumen während der üblichen Öffnungszeit,

2. Einsicht in maßnahmebetreffende Unterlagen und Aufzeichnungen und

3. Befragung der Maßnahmeteilnehmer

zur Prüfung der Leistungen umfassen.

§ 6 Mitteilungspflicht

Eine Vereinbarung über das Erbringen von Eingliederungsleistungen muss mindestens die Verpflichtung der Gemeinde, des Kreises oder des Bezirkes enthalten, der Agentur für Arbeit alle Tatsachen mitzuteilen, von denen sie oder er Kenntnis erhält und die für die in § 31 des Zweiten Buches Sozialgesetzbuch vorgesehenen Rechtsfolgen erheblich sind.

§ 7 Befristung

Die Befristung darf fünf Jahre nicht übersteigen. Eine neue Vereinbarung darf nur abgeschlossen werden, wenn

1. die Prüfung nach § 5 ergeben hat, dass die Anforderungen an Wirtschaftlichkeit und Qualität erfüllt worden sind und

2. das mit der Leistung angestrebte Ziel auf dem Arbeitsmarkt, die Beschäftigung und die individuelle Beschäftigungsfähigkeit erreicht wurde; dies wird vermutet, wenn die erbrachten Eingliederungsleistungen in einem Leistungsvergleich unter Berücksichtigung regionaler Besonderheiten wenigstens durchschnittliche Ergebnisse erzielt haben.

§ 8 Kündigung

Eine Vereinbarung über das Erbringen von Eingliederungsleistungen muss vorsehen, dass die Vereinbarung

1. bei einer wesentlichen und voraussichtlich nachhaltigen Änderung der Verhältnisse, die im Zeitpunkt der Vereinbarung vorgelegen haben, mit einer Frist von höchstens einem Jahr und

2. aus wichtigem Grund ohne Frist

gekündigt werden kann.

Abschnitt 2
Leistungen zur Sicherung des Lebensunterhalts

Unterabschnitt 1
Arbeitslosengeld II

§ 19 Arbeitslosengeld II

Erwerbsfähige Hilfebedürftige erhalten als Arbeitslosengeld II

1. Leistungen zur Sicherung des Lebensunterhalts einschließlich der angemessenen Kosten für Unterkunft und Heizung,

2. unter den Voraussetzungen des § 24 einen befristeten Zuschlag.

Das zu berücksichtigende Einkommen und Vermögen mindert die Geldleistungen der Agentur für Arbeit; soweit Einkommen und Vermögen darüber hinaus zu berücksichtigen ist, mindert es die Geldleistungen der kommunalen Träger.

§ 20 Regelleistung zur Sicherung des Lebensunterhalts

(1) Die Regelleistung zur Sicherung des Lebensunterhalts umfasst insbesondere Ernährung, Kleidung, Körperpflege, Hausrat, Bedarfe des täglichen Lebens sowie in vertretbarem Umfang auch Beziehungen zur Umwelt und eine Teilnahme am kulturellen Leben. Nicht umfasst sind die in § 5 Abs. 2 Satz 2 dieses Buches genannten Leistungen nach dem Zwölften Buch.

(2) Die monatliche Regelleistung beträgt für Personen, die allein stehend oder allein erziehend sind oder deren Partner minderjährig ist, in den alten Bundesländern einschließlich Berlin (Ost) 345 Euro, in den neuen Bundesländern 331 Euro.

(3) Haben zwei Angehörige der Bedarfsgemeinschaft das 18. Lebensjahr vollendet, beträgt die Regelleistung jeweils 90 vom Hundert der Regelleistung nach Absatz 2. Die Regelleistung für sonstige erwerbsfähige Angehörige der Bedarfsgemeinschaft beträgt 80 vom Hundert der Regelleistung nach Absatz 2.

(4) Die Regelleistung nach Absatz 2 wird jeweils zum 1. Juli eines Jahres um den Vomhundertsatz angepasst, um den sich der aktuelle Rentenwert in der gesetzlichen Rentenversicherung verändert. Für die Neubemessung der Regelleistung findet § 28 Abs. 3 Satz 5 des Zwölften Buches entsprechende Anwendung. Das Bundesministerium für Wirtschaft und Arbeit gibt jeweils spätestens zum 30. Juni eines Kalenderjahres die Höhe der Regelleistung nach Absatz 2, die für die folgenden zwölf Monate maßgebend ist, im Bundesgesetzblatt bekannt.

§ 21 Leistungen für Mehrbedarfe beim Lebensunterhalt

(1) Leistungen für Mehrbedarfe umfassen Bedarfe nach den Absätzen 2 bis 5, die nicht durch die Regelleistung abgedeckt sind.

(2) Werdende Mütter, die erwerbsfähig und hilfebedürftig sind, erhalten nach der 12. Schwangerschaftswoche einen Mehrbedarf von 17 vom Hundert der nach § 20 maßgebenden Regelleistung.

(3) Für Personen, die mit einem oder mehreren minderjährigen Kindern zusammen leben und allein für deren Pflege und Erziehung sorgen, ist ein Mehrbedarf anzuerkennen

1. in Höhe von 36 vom Hundert der nach § 20 Abs. 2 maßgebenden Regelleistung, wenn sie mit einem Kind unter sieben Jahren oder mit zwei oder drei Kindern unter sechzehn Jahren zusammen leben, oder

2. in Höhe von 12 vom Hundert der nach § 20 Abs. 2 maßgebenden Regelleistung für jedes Kind, wenn sich dadurch ein höherer Vomhundertsatz als nach der Nummer 1 ergibt, höchstens jedoch in Höhe von 60 vom Hundert der nach § 20 Abs. 2 maßgebenden Regelleistung.

(4) Erwerbsfähige behinderte Hilfebedürftige, denen Leistungen zur Teilhabe am Arbeitsleben nach § 33 des Neunten Buches sowie sonstige Hilfen zur Erlangung eines geeigneten Platzes im Arbeitsleben oder Hilfe zur Ausbildung für eine sonstige angemessene Tätigkeit erbracht werden,

erhalten einen Mehrbedarf von 35 vom Hundert der nach § 20 maßgebenden Regelleistung. Satz 1 kann auch nach Beendigung der dort genannten Maßnahmen während einer angemessenen Übergangszeit, vor allem einer Einarbeitungszeit, angewendet werden.

(5) Erwerbsfähige Hilfebedürftige, die aus medizinischen Gründen einer kostenaufwändigen Ernährung bedürfen, erhalten einen Mehrbedarf in angemessener Höhe.

(6) Die Summe des insgesamt gezahlten Mehrbedarfs darf die Höhe der für erwerbsfähige Hilfebedürftige maßgebenden Regelleistung nicht übersteigen.

§ 22 Leistungen für Unterkunft und Heizung

(1) Leistungen für Unterkunft und Heizung werden in Höhe der tatsächlichen Aufwendungen erbracht, soweit diese angemessen sind. Soweit die Aufwendungen für die Unterkunft den der Besonderheit des Einzelfalles angemessenen Umfang übersteigen, sind sie als Bedarf des allein stehenden Hilfebedürftigen oder der Bedarfsgemeinschaft so lange zu berücksichtigen, wie es dem allen stehenden Hilfebedürftigen oder der Bedarfsgemeinschaft nicht möglich oder nicht zuzumuten ist, durch einen Wohnungswechsel, durch Vermieten oder auf andere Weise die Aufwendungen zu senken, in der Regel jedoch längstens für sechs Monate.

(2) Vor Abschluss eines Vertrages über eine neue Unterkunft soll der erwerbsfähige Hilfebedürftige die Zusicherung des kommunalen Trägers zu den Aufwendungen für die neue Unterkunft einholen. Der kommunale Träger ist nur zur Zusicherung verpflichtet, wenn der Umzug erforderlich ist und die Aufwendungen für die neue Unterkunft angemessen sind.

(3) Wohnungsbeschaffungskosten sowie Mietkautionen und Umzugskosten können bei vorheriger Zusicherung durch den kommunalen Träger übernommen werden. Die Zusicherung soll erteilt werden, wenn der Umzug durch den kommunalen Träger veranlasst oder aus anderen Gründen notwendig ist und wenn ohne die Zusicherung eine Unterkunft in einem angemessenen Zeitraum nicht gefunden werden kann.

(4) Die Kosten für Unterkunft und Heizung sollen von dem kommunalen Träger an den Vermieter oder andere Empfangsberechtigte gezahlt werden, wenn die zweckentsprechende Verwendung durch den Hilfebedürftigen nicht sichergestellt ist.

§ 23

(5) Mietschulden können als Darlehen übernommen werden, wenn sonst Wohnungslosigkeit einzutreten droht und hierdurch die Aufnahme einer konkret in Aussicht stehenden Beschäftigung verhindert würde.

§ 23 Abweichende Erbringung von Leistungen

(1) Kann im Einzelfall ein von den Regelleistungen umfasster und nach den Umständen unabweisbarer Bedarf zur Sicherung des Lebensunterhalts weder durch das Vermögen nach § 12 Abs. 2 Nr. 4 noch auf andere Weise gedeckt werden, erbringt die Agentur für Arbeit bei entsprechendem Nachweis den Bedarf als Sachleistung oder als Geldleistung und gewährt dem Hilfebedürftigen ein entsprechendes Darlehen. Bei Sachleistungen wird das Darlehen in Höhe des für die Agentur für Arbeit entstandenen Anschaffungswertes gewährt. Das Darlehen wird durch monatliche Aufrechnung in Höhe von bis zu 10 vom Hundert der an den erwerbsfähigen Hilfebedürftigen und die mit ihm in Bedarfsgemeinschaft lebenden Angehörigen jeweils zu zahlenden Regelleistung getilgt.

(2) Solange sich der Hilfebedürftige, insbesondere bei Drogen- oder Alkoholabhängigkeit sowie im Falle unwirtschaftlichen Verhaltens, als ungeeignet erweist, mit der Regelleistung nach § 20 seinen Bedarf zu decken, kann die Regelleistung in voller Höhe oder anteilig in Form von Sachleistungen erbracht werden.

(3) Leistungen für

1. Erstausstattungen für die Wohnung einschließlich Haushaltsgeräten,

2. Erstausstattungen für Bekleidung einschließlich bei Schwangerschaft und Geburt sowie

3. mehrtägige Klassenfahrten im Rahmen der schulrechtlichen Bestimmungen

sind nicht von der Regelleistung umfasst. Sie werden gesondert erbracht. Die Leistungen nach Satz 1 werden auch erbracht, wenn Hilfebedürftige keine Leistungen zur Sicherung des Lebensunterhalts einschließlich der angemessenen Kosten für Unterkunft und Heizung benötigen, den Bedarf nach Satz 1 jedoch aus eigenen Kräften und Mitteln nicht voll decken können. In diesem Falle kann das Einkommen berücksichtigt werden, das Hilfebedürftige innerhalb eines Zeitraumes von bis zu sechs Monaten nach Ablauf des Monats erwerben, in dem über die Leistung entschieden worden ist. Die Leistungen nach Satz 1 Nr. 1 und 2 können als Sachleistung oder Geldleistung, auch in Form von Pauschalbeträgen, erbracht werden. Bei der Bemessung der Pauschalbeträge sind geeignete Angaben über die erforderlichen Aufwendungen und nachvollziehbare Erfahrungswerte zu berücksichtigen.

(4) Leistungen zur Sicherung des Lebensunterhalts können als Darlehen erbracht werden, soweit in dem Monat, für den die Leistungen erbracht werden, voraussichtlich Einnahmen anfallen.

§ 24 Befristeter Zuschlag nach Bezug von Arbeitslosengeld

(1) Soweit der erwerbsfähige Hilfebedürftige Arbeitslosengeld II innerhalb von zwei Jahren nach dem Ende des Bezugs von Arbeitslosengeld bezieht, erhält er in diesem Zeitraum einen monatlichen Zuschlag. Nach Ablauf des ersten Jahres wird der Zuschlag um 50 vom Hundert vermindert.

(2) Der Zuschlag beträgt zwei Drittel des Unterschiedsbetrages zwischen

1. dem von dem erwerbsfähigen Hilfebedürftigen zuletzt bezogenen Arbeitslosengeld und dem nach dem Wohngeldgesetz erhaltenen Wohngeld und

2. dem an den erwerbsfähigen Hilfebedürftigen und die mit ihm in Bedarfsgemeinschaft lebenden Angehörigen zu zahlenden Arbeitslosengeld II nach § 19 Satz 1 Nr. 1 sowie Satz 2 oder Sozialgeld nach § 28.

(3) Der Zuschlag ist im ersten Jahr

1. bei erwerbsfähigen Hilfebedürftigen auf höchstens 160 Euro,

2. bei Partnern auf insgesamt höchstens 320 Euro und

3. für die mit dem Zuschlagsberechtigten in Bedarfsgemeinschaft zusammenlebenden minderjährigen Kinder auf höchstens 60 Euro pro Kind

begrenzt.

§ 25 Leistungen bei medizinischer Rehabilitation der Rentenversicherung und bei Anspruch auf Verletztengeld aus der Unfallversicherung

Hat ein Bezieher von Arbeitslosengeld II dem Grunde nach Anspruch auf Übergangsgeld bei medizinischen Leistungen der gesetzlichen Rentenversicherung, erbringen die Träger der Leistungen nach diesem Buch die bisherigen Leistungen als Vorschuss auf die Leistungen der Rentenversicherung weiter; dies gilt entsprechend bei einem Anspruch auf Verletztengeld aus der gesetzlichen Unfallversicherung. Werden Vorschüsse länger als einen Monat geleistet, erhalten die Träger der Leistungen nach diesem Buch von den zur Leistung verpflichteten Trägern monatliche Abschlagszahlungen in Höhe der Vorschüsse des jeweils abgelaufenen Monats. § 102 des Zehnten Buches gilt entsprechend.

§ 26 Zuschuss zu Beiträgen bei Befreiung von der Versicherungspflicht

(1) Bezieher von Arbeitslosengeld II, die von der Versicherungspflicht in der gesetzlichen Rentenversicherung befreit sind (§ 6 Abs. 1b, § 231 Abs. 1 und 2 des Sechsten Buches), erhalten einen Zuschuss zu den Beiträgen, die für die Dauer des Leistungsbezugs freiwillig an die gesetzliche Rentenversicherung, eine berufsständische Versorgungseinrichtung oder für eine private Alterssicherung gezahlt werden. Der Zuschuss ist auf die Höhe des Betrages begrenzt, der ohne die Befreiung von der Versicherungspflicht in der gesetzlichen Rentenversicherung zu zahlen wäre.

(2) Bezieher von Arbeitslosengeld II, die

1. nach § 8 Abs. 1 Nr. 1a des Fünften Buches von der Versicherungspflicht befreit sind,

2. nach § 22 Abs. 1 des Elften Buches oder nach Artikel 42 des Pflege-Versicherungsgesetzes von der Versicherungspflicht in der sozialen Pflegeversicherung befreit oder nach § 23 Abs. 1 des Elften Buches bei einem privaten Krankenversicherungsunternehmen gegen das Risiko der Pflegebedürftigkeit versichert sind,

erhalten einen Zuschuss zu den Beiträgen, die für die Dauer des Leistungsbezugs für eine Versicherung gegen Krankheit oder Pflegebedürftigkeit an ein privates Krankenversicherungsunternehmen gezahlt werden. Der Zuschuss ist auf die Höhe des Betrages begrenzt, der ohne die Befreiung von der Versicherungspflicht in der gesetzlichen Krankenversicherung oder in der sozialen Pflegeversicherung zu zahlen wäre. Hierbei sind zugrunde zu legen:

1. für die Beiträge zur gesetzlichen Krankenversicherung der durchschnittliche ermäßigte Beitragssatz der Krankenkassen (§ 246 des

Fünften Buches); der zum 1. Januar des Vorjahres festgestellte Beitragssatz gilt jeweils vom 1. Januar bis zum 31. Dezember des laufenden Kalenderjahres,

2. für die Beiträge zur sozialen Pflegeversicherung der Beitragssatz nach § 55 Abs. 1 Satz 1 des Elften Buches.

§ 27 Verordnungsermächtigung

Das Bundesministerium für Wirtschaft und Arbeit wird ermächtigt, im Einvernehmen mit dem Bundesministerium der Finanzen und dem Bundesministerium für Gesundheit und Soziale Sicherung durch Rechtsverordnung zu bestimmen,

1. welche Aufwendungen für Unterkunft und Heizung angemessen sind und unter welchen Voraussetzungen die Kosten für Unterkunft und Heizung pauschaliert werden können,

2. bis zu welcher Höhe Umzugskosten übernommen werden,

3. unter welchen Voraussetzungen und wie die Leistungen nach § 23 Abs. 3 Satz 1 Nr. 1 und 2 pauschaliert werden können.

Unterabschnitt 2
Sozialgeld

§ 28 Sozialgeld

(1) Nicht erwerbsfähige Angehörige, die mit erwerbsfähigen Hilfebedürftigen in Bedarfsgemeinschaft leben, erhalten Sozialgeld, soweit sie keinen Anspruch auf Leistungen nach dem Vierten Kapitel des Zwölften Buches haben. Das Sozialgeld umfasst die sich aus § 19 Satz 1 Nr. 1 ergebenden Leistungen. Hierbei gelten ergänzend folgende Maßgaben:

1. Die Regelleistung beträgt bis zur Vollendung des 14. Lebensjahres 60 vom Hundert und im 15. Lebensjahr 80 vom Hundert der nach § 20 Abs. 2 maßgebenden Regelleistung;

2. Leistungen für Mehrbedarfe nach § 21 Abs. 4 werden auch gezahlt, wenn Eingliederungshilfe nach § 54 Abs. 1 Nr. 1 und 2 des Zwölften Buches erbracht wird;

§§ 29–30

3. § 21 Abs. 4 Satz 2 gilt auch nach Beendigung der in § 54 Abs. 1 Nr. 1 und 2 des Zwölften Buches genannten Maßnahmen.

(2) § 19 Satz 2 gilt entsprechend.

Unterabschnitt 3
Anreize und Sanktionen

§ 29 Einstiegsgeld

(1) Zur Überwindung von Hilfebedürftigkeit kann erwerbsfähigen Hilfebedürftigen, die arbeitslos sind, bei Aufnahme einer sozialversicherungspflichtigen oder selbständigen Erwerbstätigkeit ein Einstiegsgeld erbracht werden, wenn dies zur Eingliederung in den allgemeinen Arbeitsmarkt erforderlich ist. Das Einstiegsgeld wird als Zuschuss zum Arbeitslosengeld II erbracht.

(2) Das Einstiegsgeld wird, soweit für diesen Zeitraum eine Erwerbstätigkeit besteht, für höchstens 24 Monate erbracht. Bei der Bemessung der Höhe des Einstiegsgeldes soll die vorherige Dauer der Arbeitslosigkeit sowie die Größe der Bedarfsgemeinschaft berücksichtigt werden, in der der erwerbsfähige Hilfebedürftige lebt.

(3) Das Bundesministerium für Wirtschaft und Arbeit wird ermächtigt, im Einvernehmen mit dem Bundesministerium der Finanzen ohne Zustimmung des Bundesrates durch Rechtsverordnung zu bestimmen, wie das Einstiegsgeld zu bemessen ist. Bei der Bemessung ist neben der Berücksichtigung der in Absatz 2 Satz 2 genannten Kriterien auch ein Bezug zu der für den erwerbsfähigen Hilfebedürftigen jeweils maßgebenden Regelleistung herzustellen.

§ 30 Freibeträge bei Erwerbstätigkeit

Bei erwerbsfähigen Hilfebedürftigen, die erwerbstätig sind, ist von dem um die Absetzbeträge nach § 11 Abs. 2 Nr. 1 bis 5 bereinigten monatlichen Einkommen aus Erwerbstätigkeit ein Betrag

1. in Höhe von 15 vom Hundert bei einem Bruttolohn bis 400 Euro,

2. zusätzlich in Höhe von 30 vom Hundert bei dem Teil des Bruttolohns, der 400 Euro übersteigt und nicht mehr als 900 Euro beträgt und

3. zusätzlich in Höhe von 15 vom Hundert bei dem Teil des Bruttolohns, der 900 Euro übersteigt und nicht mehr als 1500 Euro beträgt,

abzusetzen.

§ 31 Absenkung und Wegfall des Arbeitslosengeldes II

(1) Das Arbeitslosengeld II wird unter Wegfall des Zuschlags nach § 24 in einer ersten Stufe um 30 vom Hundert der für den erwerbsfähigen Hilfebedürftigen nach § 20 maßgebenden Regelleistung abgesenkt, wenn

1. der erwerbsfähige Hilfebedürftige sich trotz Belehrung über die Rechtsfolgen weigert,

   a) eine ihm angebotene Eingliederungsvereinbarung abzuschließen,

   b) in der Eingliederungsvereinbarung festgelegte Pflichten zu erfüllen, insbesondere in ausreichendem Umfang Eigenbemühungen nachzuweisen,

   c) eine zumutbare Arbeit, Ausbildung oder Arbeitsgelegenheit aufzunehmen oder fortzuführen, oder

   d) zumutbare Arbeit nach § 16 Abs. 3 Satz 2 auszuführen,

2. der erwerbsfähige Hilfebedürftige trotz Belehrung über die Rechtsfolgen eine zumutbare Maßnahme zur Eingliederung in Arbeit abgebrochen oder Anlass für den Abbruch gegeben hat.

Dies gilt nicht, wenn der erwerbsfähige Hilfebedürftige einen wichtigen Grund für sein Verhalten nachweist.

(2) Kommt der erwerbsfähige Hilfebedürftige trotz schriftlicher Belehrung über die Rechtsfolgen einer Aufforderung des zuständigen Trägers, sich bei ihr zu melden oder bei einem ärztlichen oder psychologischen Untersuchungstermin zu erscheinen, nicht nach und weist er keinen wichtigen Grund für sein Verhalten nach, wird das Arbeitslosengeld II unter Wegfall des Zuschlags nach § 24 in einer ersten Stufe um 10 vom Hundert der für den erwerbsfähigen Hilfebedürftigen nach § 20 maßgebenden Regelleistung abgesenkt.

(3) Bei wiederholter Pflichtverletzung nach Absatz 1 oder Absatz 2 wird das Arbeitslosengeld II zusätzlich um jeweils den Vomhundertsatz der

§ 31

nach § 20 maßgebenden Regelleistung gemindert, um den es in der ersten Stufe gemindert wurde. Hierbei können auch die Leistungen nach den §§ 21 bis 23 betroffen sein. Bei einer Minderung der Regelleistung um mehr als 30 vom Hundert kann der zuständige Träger in angemessenem Umfang ergänzende Sachleistungen oder geldwerte Leistungen erbringen. Der zuständige Träger soll Leistungen nach Satz 3 erbringen, wenn der Hilfebedürftige mit minderjährigen Kindern in Bedarfsgemeinschaft lebt. Der erwerbsfähige Hilfebedürftige ist vorher über die Rechtsfolgen nach den Sätzen 1 bis 4 zu belehren.

(4) Die Absätze 1 und 3 gelten entsprechend

1. bei einem erwerbsfähigen Hilfebedürftigen, der nach Vollendung des 18. Lebensjahres sein Einkommen oder Vermögen in der Absicht vermindert hat, die Voraussetzungen für die Gewährung oder Erhöhung des Arbeitslosengeldes II herbeizuführen,

2. bei einem erwerbsfähigen Hilfebedürftigen, der trotz Belehrung über die Rechtsfolgen sein unwirtschaftliches Verhalten fortsetzt,

3. bei einem erwerbsfähigen Hilfebedürftigen,

   a) dessen Anspruch auf Arbeitslosengeld ruht oder erloschen ist, weil die Agentur für Arbeit den Eintritt einer Sperrzeit oder das Erlöschen des Anspruchs nach den Vorschriften des Dritten Buches festgestellt hat oder

   b) der die in dem Dritten Buch genannten Voraussetzungen für den Eintritt einer Sperrzeit erfüllt, die das Ruhen oder Erlöschen eines Anspruchs auf Arbeitslosengeld begründen.

(5) Bei erwerbsfähigen Hilfebedürftigen, die das 15. Lebensjahr, jedoch noch nicht das 25. Lebensjahr vollendet haben, wird das Arbeitslosengeld II unter den in den Absätzen 1 und 4 genannten Voraussetzungen auf die Leistungen nach § 22 beschränkt; die nach § 22 Abs. 1 angemessenen Kosten für Unterkunft und Heizung sollen an den Vermieter oder andere Empfangsberechtigte gezahlt werden. Die Agentur für Arbeit soll Leistungen nach Absatz 3 Satz 3 an den erwerbsfähigen Hilfebedürftigen erbringen. Der erwerbsfähige Hilfebedürftige ist vorher über die Rechtsfolgen nach den Sätzen 1 und 2 zu belehren.

(6) Absenkung und Wegfall treten mit Wirkung des Kalendermonats ein, der auf das Wirksamwerden des Verwaltungsaktes, der die Absenkung oder den Wegfall der Leistung feststellt, folgt. Absenkung und Wegfall

dauern drei Monate. Während der Absenkung oder des Wegfalls der Leistung besteht kein Anspruch auf ergänzende Hilfe zum Lebensunterhalt nach den Vorschriften des Zwölften Buches. Über die Rechtsfolgen nach den Sätzen 1 bis 3 ist der erwerbsfähige Hilfebedürftige vorher zu belehren.

§ 32 Absenkung und Wegfall des Sozialgeldes

§ 31 Abs. 1 bis 3 sowie 6 gilt entsprechend für Bezieher von Sozialgeld, wenn bei diesen Personen die in § 31 Abs. 2 oder Abs. 4 Nr. 1 und 2 genannten Voraussetzungen vorliegen.

Unterabschnitt 4
Verpflichtungen anderer

§ 33 Übergang von Ansprüchen

(1) Haben Empfänger von Leistungen zur Sicherung des Lebensunterhalts einen Anspruch gegen einen anderen, der nicht Leistungsträger ist, können die Träger der Leistungen nach diesem Buch durch schriftliche Anzeige an den anderen bewirken, dass der Anspruch bis zur Höhe der erbrachten Leistungen auf sie übergeht. Der Übergang des Anspruchs darf nur bewirkt werden, soweit bei rechtzeitiger Leistung des anderen Leistungen zur Sicherung des Lebensunterhalts nicht erbracht worden wären. Der Übergang wird nicht dadurch ausgeschlossen, dass der Anspruch nicht übertragen, verpfändet oder gepfändet werden kann.

(2) Der Übergang eines Unterhaltsanspruchs nach bürgerlichem Recht darf nicht bewirkt werden, wenn die unterhaltsberechtigte Person

1. mit dem Verpflichteten in einer Bedarfsgemeinschaft lebt,

2. mit dem Verpflichteten verwandt ist und den Unterhaltsanspruch nicht geltend macht; dies gilt nicht für Unterhaltsansprüche

    a) minderjähriger Hilfebedürftiger,

    b) von Hilfebedürftigen, die das 25. Lebensjahr noch nicht vollendet und die Erstausbildung noch nicht abgeschlossen haben gegen ihre Eltern,

3. in einem Kindschaftsverhältnis zum Verpflichteten steht und

   a) schwanger ist oder

   b) ihr leibliches Kind bis zur Vollendung seines sechsten Lebensjahres betreut.

Der Übergang darf nur bewirkt werden, soweit das Einkommen und Vermögen der unterhaltsverpflichteten Person das nach den §§ 11 und 12 zu berücksichtigende Einkommen und Vermögen übersteigt. Die Träger der Leistungen nach diesem Buch können den Übergang eines Unterhaltsanspruchs für die Vergangenheit nur unter den Voraussetzungen des § 1613 des Bürgerlichen Gesetzbuchs bewirken. Sie können bis zur Höhe der bisherigen Leistungen zur Sicherung des Lebensunterhalts auch auf zukünftige Leistungen klagen, wenn die Leistungen zur Sicherung des Lebensunterhalts voraussichtlich noch längere Zeit erbracht werden müssen.

(3) Die schriftliche Anzeige an den anderen bewirkt, dass der Anspruch für die Zeit übergeht, für die dem Hilfebedürftigen Leistungen zur Sicherung des Lebensunterhalts ohne Unterbrechung erbracht werden; als Unterbrechung gilt ein Zeitraum von mehr als zwei Monaten.

(4) Die §§ 115 und 116 des Zehnten Buches gehen der Regelung des Absatzes 1 vor.

§ 34 Ersatzansprüche

(1) Wer nach Vollendung des 18. Lebensjahres vorsätzlich oder grob fahrlässig

1. die Voraussetzungen für seine Hilfebedürftigkeit oder die Hilfebedürftigkeit von Personen, die mit ihm in einer Bedarfsgemeinschaft leben, oder

2. die Zahlung von Leistungen zur Sicherung des Lebensunterhalts an sich oder an Personen, die mit ihm in einer Bedarfsgemeinschaft leben,

ohne wichtigen Grund herbeigeführt hat, ist zum Ersatz der deswegen gezahlten Leistungen verpflichtet. Von der Geltendmachung des Ersatzanspruches ist abzusehen, soweit sie den Ersatzpflichtigen künftig von Leistungen zur Sicherung des Lebensunterhalts nach diesem Buch oder von Leistungen nach dem Zwölften Buch abhängig machen würde.

(2) Eine nach Absatz 1 eingetretene Verpflichtung zum Ersatz der Leistungen geht auf den Erben über. Sie ist auf den Nachlasswert im Zeitpunkt des Erbfalles begrenzt.

(3) Der Ersatzanspruch erlischt drei Jahre nach Ablauf des Jahres, in dem die Leistung erbracht worden ist. Die Bestimmungen des Bürgerlichen Gesetzbuchs über die Hemmung, die Ablaufhemmung, den Neubeginn und die Wirkung der Verjährung gelten sinngemäß; der Erhebung der Klage steht der Erlass eines Leistungsbescheides gleich.

§ 35 Erbenhaftung

(1) Der Erbe eines Empfängers von Leistungen zur Sicherung des Lebensunterhalts ist zum Ersatz der Leistungen verpflichtet, soweit diese innerhalb der letzten zehn Jahre vor dem Erbfall erbracht worden sind und 1700 Euro übersteigen. Die Ersatzpflicht ist auf den Nachlasswert im Zeitpunkt des Erbfalles begrenzt.

(2) Der Ersatzanspruch ist nicht geltend zu machen,

1. soweit der Wert des Nachlasses unter 15 500 Euro liegt, wenn der Erbe der Partner des Leistungsempfängers war oder mit diesem verwandt war und nicht nur vorübergehend bis zum Tode des Leistungsempfängers mit diesem in häuslicher Gemeinschaft gelebt und ihn gepflegt hat,

2. soweit die Inanspruchnahme des Erben nach der Besonderheit des Einzelfalles eine besondere Härte bedeuten würde.

(3) Der Ersatzanspruch erlischt drei Jahre nach dem Tod des Leistungsempfängers. § 34 Abs. 3 Satz 2 gilt sinngemäß.

Kapitel 4
Gemeinsame Vorschriften für Leistungen

Abschnitt 1
Zuständigkeit und Verfahren

§ 36 Örtliche Zuständigkeit

Für die Leistungen der Grundsicherung nach § 6 Abs. 1 Nr. 1 ist die Agentur für Arbeit zuständig, in deren Bezirk der erwerbsfähige Hilfebedürftige seinen gewöhnlichen Aufenthalt hat. Für die Leistungen der Grundsicherung nach § 6 Abs. 1 Satz 1 Nr. 2 ist der kommunale Träger zuständig, in dessen Bezirk der erwerbsfähige Hilfebedürftige seinen gewöhnlichen Aufenthalt hat.

§ 37 Antragserfordernis

(1) Die Leistungen der Grundsicherung für Arbeitsuchende werden auf Antrag erbracht.

(2) Leistungen der Grundsicherung für Arbeitsuchende werden nicht für Zeiten vor der Antragstellung erbracht. Treten die Anspruchsvoraussetzungen an einem Tag ein, an dem der zuständige Träger von Leistungen nach diesem Buch nicht geöffnet hat, wirkt ein unverzüglich gestellter Antrag auf diesen Tag zurück.

§ 38 Vertretung der Bedarfsgemeinschaft

Soweit Anhaltspunkte nicht entgegenstehen, wird vermutet, dass der erwerbsfähige Hilfebedürftige bevollmächtigt ist, Leistungen nach diesem Buch auch für die mit ihm in einer Bedarfsgemeinschaft lebenden Personen zu beantragen und entgegenzunehmen. Leben mehrere erwerbsfähige Hilfebedürftige in einer Bedarfsgemeinschaft, gilt diese Vermutung zugunsten desjenigen, der die Leistungen beantragt.

§ 39 Sofortige Vollziehbarkeit

Widerspruch und Anfechtungsklage gegen einen Verwaltungsakt, der

1. über Leistungen der Grundsicherung für Arbeitsuchende entscheidet oder

2. den Übergang eines Anspruchs bewirkt, haben keine aufschiebende Wirkung.

§ 40 Anwendung von Verfahrensvorschriften

(1) Für das Verfahren nach diesem Buch gilt das Zehnte Buch. Die Vorschriften des Dritten Buches über

1. die Aufhebung von Verwaltungsakten (§ 330 Abs. 1, 2, 3 Satz 1 und 4),

2. die vorläufige Zahlungseinstellung (§ 331) und

3. die Erstattung von Beiträgen zur Kranken-, Renten- und Pflegeversicherung (§ 335 Abs. 1, 2 und 5)

sind entsprechend anwendbar.

(2) Abweichend von § 50 des Zehnten Buches sind 56 vom Hundert der bei der Leistung nach § 19 Satz 1 Nr. 1 und Satz 2 sowie § 28 berücksichtigten Kosten für Unterkunft, mit Ausnahme der Kosten für Heizungs- und Warmwasserversorgung, nicht zu erstatten. Satz 1 gilt nicht im Falle des § 45 Abs. 2 Satz 3 des Zehnten Buches.

§ 41 Berechnung der Leistungen

(1) Anspruch auf Leistungen zur Sicherung des Lebensunterhalts besteht für jeden Kalendertag. Der Monat wird mit 30 Tagen berechnet. Stehen die Leistungen nicht für einen vollen Monat zu, wird die Leistung anteilig erbracht. Die Leistungen sollen jeweils für sechs Monate bewilligt und monatlich im Voraus erbracht werden.

(2) Beträge, die nicht volle Euro ergeben, sind bis zu 0,49 Euro abzurunden und von 0,50 Euro an aufzurunden.

§ 42 Auszahlung der Geldleistungen

Geldleistungen nach diesem Buch werden auf das im Antrag angegebene inländische Konto bei einem Geldinstitut überwiesen. Werden sie an den Wohnsitz oder gewöhnlichen Aufenthalt des Berechtigten übermittelt, sind die dadurch veranlassten Kosten abzuziehen. Dies gilt nicht, wenn der Berechtigte nachweist, dass ihm die Einrichtung eines Kontos bei einem Geldinstitut ohne eigenes Verschulden nicht möglich ist.

§ 43 Aufrechnung

Geldleistungen zur Sicherung des Lebensunterhalts können bis zu einem Betrag in Höhe von 30 vom Hundert der für den Hilfebedürftigen maßgebenden Regelleistung mit Ansprüchen der Träger von Leistungen nach diesem Buch aufgerechnet werden, wenn es sich um Ansprüche auf Erstattung oder Schadenersatz handelt, die der Hilfebedürftige durch vorsätzlich oder grob fahrlässig unrichtige oder unvollständige Angaben veranlasst hat. Der befristete Zuschlag nach § 24 kann zusätzlich in die Aufrechnung nach Satz 1 einbezogen werden. Die Aufrechnungsmöglichkeit ist auf drei Jahre beschränkt.

§ 44 Veränderung von Ansprüchen

Die Träger von Leistungen nach diesem Buch dürfen Ansprüche erlassen, wenn deren Einziehung nach Lage des einzelnen Falles unbillig wäre.

Abschnitt 2
Einheitliche Entscheidung

§ 44a Feststellung von Erwerbsfähigkeit und Hilfebedürftigkeit

Die Agentur für Arbeit stellt fest, ob der Arbeitsuchende erwerbsfähig oder hilfebedürftig ist. Teilt der kommunale Träger oder ein anderer Leistungsträger, der bei voller Erwerbsminderung zuständig wäre, die Auffassung der Agentur für Arbeit nicht, entscheidet die Einigungsstelle. Bis zur Entscheidung der Einigungsstelle erbringen die Agentur für Arbeit und der kommunale Träger Leistungen der Grundsicherung für Arbeitsuchende.

§ 44b Arbeitsgemeinschaften

(1) Zur einheitlichen Wahrnehmung ihrer Aufgaben nach diesem Buch errichten die Träger der Leistungen nach diesem Buch durch privatrechtliche oder öffentlich-rechtliche Verträge Arbeitsgemeinschaften in den nach § 9 Abs. 1a des Dritten Buches eingerichteten Job-Centern. Befinden sich im Bereich eines kommunalen Trägers mehrere Agenturen für Arbeit, ist eine Agentur als federführend zu benennen. Die Ausgestaltung und Organisation der Arbeitsgemeinschaften soll die Besonderheiten der beteiligten Träger, des regionalen Arbeitsmarktes und der regionalen Wirtschaftsstruktur berücksichtigen.

(2) Die Geschäfte der Arbeitsgemeinschaft führt ein Geschäftsführer. Er vertritt die Arbeitsgemeinschaft außergerichtlich und gerichtlich. Können die Agentur für Arbeit und die Kommunen sich bei der Errichtung der Arbeitsgemeinschaft nicht auf ein Verfahren zur Bestimmung des Geschäftsführers einigen, wird er von der Agentur für Arbeit und den Kommunen abwechselnd jeweils für ein Jahr einseitig bestimmt. Das Los entscheidet, ob die erste einseitige Bestimmung durch die Agentur für Arbeit oder die Kommunen erfolgt.

(3) Die Arbeitsgemeinschaft nimmt die Aufgaben der Agentur für Arbeit als Leistungsträger nach diesem Buch wahr. Die kommunalen Träger sollen der Arbeitsgemeinschaft die Wahrnehmung ihrer Aufgaben nach diesem Buch übertragen; § 94 Abs. 4 in Verbindung mit § 88 Abs. 2 Satz 2 des Zehnten Buches gilt nicht. Die Arbeitsgemeinschaft ist berechtigt, zur Erfüllung ihrer Aufgaben Verwaltungsakte und Widerspruchsbescheide zu erlassen. Die Aufsicht über die Arbeitsgemeinschaft führt die zuständige oberste Landesbehörde im Benehmen mit dem Bundesministerium für Wirtschaft und Arbeit.

(4) Die Agentur für Arbeit und der kommunale Träger teilen sich alle Tatsachen mit, von denen sie Kenntnis erhalten und die für die Leistungen des jeweils anderen Trägers erheblich sein können.

§ 45[1)] Gemeinsame Einigungsstelle

(1) Bei Streitigkeiten über die Erwerbsfähigkeit oder die Hilfebedürftigkeit eines Arbeitsuchenden zwischen den Trägern der Leistungen nach diesem Buch sowie bei Streitigkeiten über die Erwerbsfähigkeit mit einem Leistungsträger, der bei voller Erwerbsminderung zuständig wäre, entscheidet eine gemeinsame Einigungsstelle. Ihr gehören ein Vorsitzender und jeweils ein Vertreter der Agentur für Arbeit und des Trägers der anderen Leistung an. Der Vorsitzende wird von beiden Trägern gemeinsam bestimmt. Einigen sich die Träger nicht auf einen Vorsitzenden, ist Vorsitzender für jeweils sechs Monate abwechselnd ein Mitglied der Geschäftsführung der Agentur für Arbeit und der Leiter des Trägers der anderen Leistung.

(2) Die gemeinsame Einigungsstelle soll eine einvernehmliche Entscheidung anstreben. Sie zieht im notwendigen Umfang Sachverständige hinzu und entscheidet mit der Mehrheit der Mitglieder. Die Sachverständigen erhalten Entschädigungen nach dem Gesetz über die Entschädigung von Zeugen und Sachverständigen. Die Aufwendungen trägt der Bund.

(3) Das Bundesministerium für Wirtschaft und Arbeit wird ermächtigt, im Einvernehmen mit dem Bundesministerium der Finanzen und dem Bundesministerium für Gesundheit und Soziale Sicherung durch Rechtsverordnung Grundsätze zum Verfahren für die Arbeit der gemeinsamen Einigungsstelle zu bestimmen.

[1)] **Einigungsstellen-Verfahrensverordnung (EinigungsStVV) vom 23. November 2004 (BGBl. I S. 2916):**

§ 1 Sitz der Einigungsstellen

Die Einigungsstellen haben ihren Sitz bei den Agenturen für Arbeit. Haben die Träger der Leistungen nach dem Zweiten Buch Sozialgesetzbuch eine Arbeitsgemeinschaft gebildet, hat die Einigungsstelle ihren Sitz bei der Arbeitsgemeinschaft. Die Geschäfte der Einigungsstelle werden am Sitz der Einigungsstelle geführt.

§ 45

§ 2 Mitglieder der Einigungsstelle

(1) Die Agentur für Arbeit und der andere Träger der Leistung benennen auf Anforderung der Geschäftsstelle nach § 1 je einen Vertreter als Mitglied der Einigungsstelle sowie dessen Stellvertreter. Der Stellvertreter hat bei Verhinderung des Mitgliedes dessen Rechte und Pflichten.

(2) Die Mitglieder der Einigungsstelle sollen sich bis zu ihrer ersten Sitzung einvernehmlich auf einen unabhängigen Vorsitzenden einigen. Die Mitglieder bestimmen außerdem einen Vertreter entsprechend Satz 1.

(3) Weitere Träger von Sozialleistungen sind an den Sitzungen der Einigungsstelle zu beteiligen, wenn auf Grund des Sachverhaltes nicht ausgeschlossen werden kann, dass sie zur Leistung an den Antragsteller verpflichtet sind. Sie sind zu beteiligen, wenn ein Mitglied der Einigungsstelle dies verlangt. Vor der Beteiligung ist das Einverständnis des Betroffenen einzuholen. Ergibt sich im Verfahren, dass der beteiligte Leistungsträger zur Leistung verpflichtet ist, tritt er als Mitglied an die Stelle des ursprünglich zur Leistung verpflichteten Mitgliedes.

§ 3 Zuständigkeit

Zuständig ist die Einigungsstelle bei der Agentur für Arbeit oder der Arbeitsgemeinschaft, in der ein Antrag gemäß § 37 des Zweiten Buches Sozialgesetzbuch gestellt wurde oder zu stellen wäre. Wird nach der Anrufung der Einigungsstelle eine andere Agentur für Arbeit oder Arbeitsgemeinschaft zuständig, entscheidet die angerufene Einigungsstelle abschließend.

§ 4 Anrufung der Einigungsstelle

(1) Die Einigungsstelle wird von dem Träger angerufen, der eine von der Entscheidung des anderen Trägers abweichende Entscheidung über die Erwerbsfähigkeit oder Hilfebedürftigkeit treffen will. Die Anrufung hat unverzüglich nach der Feststellung zu erfolgen, dass der anrufende Träger eine abweichende Entscheidung treffen will. Haben beide Träger bereits eine Entscheidung getroffen, kann die Einigungsstelle von beiden Trägern angerufen werden.

(2) Die Anrufung der Einigungsstelle ist dem Vorsitzenden oder, wenn ein Vorsitzender noch nicht bestimmt ist, der Geschäftsstelle schriftlich mitzuteilen. Die erste Sitzung der Einigungsstelle soll innerhalb von 14 Tagen nach Anrufung der Einigungsstelle durchgeführt werden.

§ 5 Sitzungen der Einigungsstelle

(1) Die Einigungsstelle entscheidet auf Grund mündlicher Verhandlung. Die Sitzungen der Einigungsstelle sind nicht öffentlich. Der Vorsitzende und die Mitglieder der Einigungsstelle haben über den Inhalt und das Ergebnis der Beratungen der Einigungsstelle Verschwiegenheit zu bewahren.

§ 45

(2) Der Vorsitzende leitet die Sitzungen der Einigungsstelle. Solange ein Vorsitzender nicht bestimmt ist, wird die Sitzung vom Mitglied des Trägers geleitet, der die Einigungsstelle angerufen hat.

(3) Über jede Sitzung der Einigungsstelle ist ein Protokoll zu fertigen. Das Protokoll hat die wesentlichen Gründe für die Entscheidung aufzuführen. Das Protokoll beinhaltet mindestens

1. den Ort und die Zeit der Sitzung,
2. die Namen der Anwesenden,
3. den wesentlichen Inhalt der Verhandlung,
4. die Anträge der Mitglieder der Einigungsstelle und
5. die Beschlüsse der Einigungsstelle im Wortlaut.

Die Richtigkeit des Protokolls wird vom Vorsitzenden durch Unterschrift bestätigt. Der Vorsitzende leitet das Protokoll der Agentur für Arbeit und den anderen Mitgliedern der Einigungsstelle unverzüglich zu.

§ 6 Sachverständige

(1) Der Vorsitzende und die Mitglieder der Einigungsstelle können die Hinzuziehung von Sachverständigen verlangen. Sachverständige sollen nicht der Bundesagentur für Arbeit oder dem Träger der anderen Leistung angehören oder mit ihnen in sonstiger Weise in geschäftlichen Beziehungen stehen.

(2) Der Sachverständige soll ein schriftliches Gutachten fertigen; er kann von der Einigungsstelle persönlich angehört werden. Den Mitgliedern ist vor der Entscheidung der Einigungsstelle ein angemessener Zeitraum zur Prüfung des Gutachtens einzuräumen.

§ 7 Anhörung des Antragstellers

Der Antragsteller kann persönlich angehört werden. Er kann zu der Anhörung mit einem Beistand erscheinen. Das vom Beistand Vorgetragene gilt als von dem Antragsteller vorgetragen, soweit dieser nicht unverzüglich widerspricht.

§ 8 Entscheidung der Einigungsstelle

(1) Der Vorsitzende hat auf eine einvernehmliche Entscheidung der Einigungsstelle gemäß § 45 Abs. 2 Satz 1 des Zweiten Buches Sozialgesetzbuch hinzuwirken. Sofern eine einvernehmliche Entscheidung nicht herbeigeführt werden kann, entscheidet die Einigungsstelle mit einfacher Mehrheit durch Beschluss. Bei Stimmengleichheit entscheidet der Vorsitzende. Der gemäß § 7 beteiligte Antragsteller erhält eine Ausfertigung des Beschlusses zur Kenntnis. Die Entscheidung der Einigungsstelle ist für die an der Entscheidung beteiligten Träger bindend.

(2) Stimmberechtigt sind der Vorsitzende, der Vertreter der Agentur für Arbeit und der Vertreter des Trägers der anderen Leistung (§ 2 Abs. 1 und 3). Die Einigungsstelle ist beschlussfähig, wenn die stimmberechtigten Mitglieder oder ihre Vertre-

ter anwesend sind. Weigert sich ein Träger nach Fristsetzung durch den Vorsitzenden durch Entsendung des Vertreters die Beschlussfähigkeit herbeizuführen, stellt der Vorsitzende diesen Sachverhalt fest. Danach kann ein Beschluss gefasst werden, auch ohne dass die Voraussetzungen nach Satz 2 vorliegen.

(3) Wechselt die örtliche Zuständigkeit nach § 36 des Zweiten Buches Sozialgesetzbuch, bleibt die Entscheidung der zuvor zuständigen Einigungsstelle für die betroffenen Leistungsträger bindend.

§ 9 Kosten

Die Kosten für das Verfahren der Einigungsstelle trägt die Agentur für Arbeit oder die Arbeitsgemeinschaft, bei der die Einigungsstelle ihren Sitz hat; den beteiligten Trägern werden Kosten nicht erstattet. Der Vorsitzende erhält außer in den Fällen des § 45 Abs. 1 Satz 4 des Zweiten Buches Sozialgesetzbuch entsprechend die einem ehrenamtlichen Richter zustehende Entschädigung nach dem Justizvergütungs- und -entschädigungsgesetz in der jeweils gültigen Fassung und zusätzlich eine besondere Aufwandsentschädigung in Höhe von 60 Euro für jeden durch Beschluss entschiedenen Fall. Die notwendigen Auslagen des Antragstellers nach § 7 sind von der Agentur für Arbeit oder der Arbeitsgemeinschaft zu erstatten, bei der die Einigungsstelle ihren Sitz hat.

§ 10 Stellung der zugelassenen kommunalen Träger

Die gemäß § 6a des Zweiten Buches Sozialgesetzbuch zugelassenen kommunalen Träger haben an Stelle der Agenturen für Arbeit die aus dieser Verordnung folgenden Rechte und Pflichten.

Kapitel 5
Finanzierung und Aufsicht

§ 46 Finanzierung aus Bundesmitteln

(1) Der Bund trägt die Aufwendungen der Grundsicherung für Arbeitsuchende einschließlich der Verwaltungskosten, soweit die Leistungen von der Bundesagentur erbracht werden. Der Bundesrechnungshof prüft die Leistungsgewährung. Dies gilt auch, soweit die Aufgaben von Arbeitsgemeinschaften nach § 44b wahrgenommen werden. Eine Pauschalierung von Eingliederungsleistungen und Verwaltungskosten ist zulässig. Die Mittel für die Erbringung von Eingliederungsleistungen und Verwaltungskosten werden in einem Gesamtbudget veranschlagt.

(2) Der Bund kann festlegen, nach welchen Maßstäben die Mittel nach Absatz 1 Satz 4 auf die Agenturen für Arbeit zu verteilen sind. Bei der Zuweisung wird die Zahl der erwerbsfähigen Bezieher von Leistungen zur Grundsicherung zugrunde gelegt. Das Bundesministerium für Wirt-

§ 46

schaft und Arbeit kann im Einvernehmen mit dem Bundesministerium der Finanzen durch Rechtsverordnung ohne Zustimmung des Bundesrates ergänzende andere Maßstäbe für die Verteilung der Mittel für Leistungen zur Eingliederung in Arbeit festlegen.

(3) Nicht verausgabte Mittel nach Absatz 1 Satz 5 sind zur Hälfte in das Folgejahr übertragbar. Die übertragbaren Mittel dürfen einen Betrag von 10 vom Hundert des Gesamtbudgets des laufenden Jahres nicht übersteigen.

(4) Die Bundesagentur erstattet dem Bund jeweils zum 15. Februar, 15. Mai, 15. August und 15. November einen Aussteuerungsbetrag, der dem Zwölffachen der durchschnittlichen monatlichen Aufwendungen für Arbeitslosengeld II, Sozialgeld und Beiträge zur Sozialversicherung im vorangegangenen Kalendervierteljahr für eine Bedarfsgemeinschaft, vervielfältigt mit der Zahl der Personen, die im vorangegangenen Kalendervierteljahr innerhalb von drei Monaten nach dem Bezug von Arbeitslosengeld einen Anspruch auf Arbeitslosengeld II erworben haben, entspricht.

(5) Der Bund beteiligt sich zweckgebunden an den Leistungen für Unterkunft und Heizung nach § 22 Abs. 1, um sicherzustellen, dass die Kommunen durch das Vierte Gesetz für moderne Dienstleistungen am Arbeitsmarkt unter Berücksichtigung der sich aus ihm ergebenden Einsparungen der Länder um jährlich 2,5 Milliarden Euro entlastet werden.

(6) Der Bund trägt im Jahre 2005 29,1 vom Hundert der in Absatz 5 genannten Leistungen. Dieser Anteil wird zum 1. März 2005 und zum 1. Oktober 2005 überprüft. Ergibt die Überprüfung, dass die Entlastung der Kommunen den Betrag von 2,5 Milliarden Euro jährlich übersteigt oder unterschreitet, ist der Anteil des Bundes rückwirkend zum 1. Januar 2005 entsprechend anzupassen, allerdings nicht mehr als auf eine Stelle hinter dem Komma genau. Mit der Überprüfung zum 1. Oktober 2005 wird darüber hinaus der Anteil des Bundes für das Jahr 2006 festgelegt.

(7) Die Überprüfung für die Jahre 2006 und 2007 ist jeweils zum 1. Oktober vorzunehmen. Ergibt sie, dass die Entlastung der Kommunen den Betrag von 2,5 Milliarden Euro jährlich übersteigt oder unterschreitet, ist der Anteil des Bundes rückwirkend zum 1. Januar des jeweiligen Jahres entsprechend anzupassen, allerdings nicht mehr als auf eine Stelle hinter dem Komma genau. Mit der Überprüfung zum 1. Oktober 2006 wird da-

rüber hinaus der Anteil des Bundes für das Jahr 2007 und mit der Überprüfung zum 1. Oktober 2007 der Anteil des Bundes ab dem Jahre 2008 festgelegt.

(8) Weitere Überprüfungen und Anpassungen sind zum 1. Oktober 2009 und danach alle zwei Jahre vorzunehmen.

(9) Für die Überprüfungen und Anpassungen des in Absatz 5 genannten Anteils des Bundes nach den Absätzen 6 bis 8 sind die in der Anlage genannten Kriterien maßgebend.

(10) Der Anteil des Bundes an den in Absatz 5 genannten Leistungen wird den Ländern erstattet. Der Abruf der Erstattungen ist zur Monatsmitte und zum Monatsende zulässig. Wenn die Überprüfung des in Absatz 5 genannten Anteils des Bundes nach den Absätzen 6 bis 8 ergibt, dass dieser zu erhöhen ist, werden bis zur gesetzlichen Festsetzung eines erhöhten Anteils des Bundes auf Antrag eines Landes monatlich im Voraus Abschläge auf den bis dahin geltenden Anteil des Bundes gezahlt. Die Abschläge können bis zu einem Monat vorgezogen werden.

§ 47 Aufsicht

(1) Soweit die Bundesagentur Leistungen nach diesem Buch erbringt, führt das Bundesministerium für Wirtschaft und Arbeit die Rechtsaufsicht und die Fachaufsicht. Das Bundesministerium für Wirtschaft und Arbeit kann der Bundesagentur Weisungen erteilen und sie an seine Auffassung binden. Die Aufsicht über die zugelassenen kommunalen Träger obliegt den zuständigen Landesbehörden.

(2) Das Bundesministerium für Wirtschaft und Arbeit kann durch Rechtsverordnung ohne Zustimmung des Bundesrates die Wahrnehmung von Aufgaben nach Absatz 1 auf eine Bundesoberbehörde übertragen.

§ 48 Zielvereinbarungen

Im Einvernehmen mit dem Bundesministerium der Finanzen soll das Bundesministerium für Wirtschaft und Arbeit mit der Bundesagentur Vereinbarungen zur Erreichung der Ziele nach diesem Buch abschließen. Die Vereinbarungen können

1. erforderliche Genehmigungen oder Zustimmungen des Bundesministeriums für Wirtschaft und Arbeit ersetzen,
2. die Selbstbewirtschaftung von Haushaltsmitteln für Leistungen zur Eingliederung in Arbeit sowie für Verwaltungskosten zulassen.

§ 49 Innenrevision

(1) Die Bundesagentur stellt durch organisatorische Maßnahmen sicher, dass in allen Dienststellen durch eigenes, nicht der Dienststelle angehörendes Personal geprüft wird, ob von ihr Leistungen nach diesem Buch unter Beachtung der gesetzlichen Bestimmungen nicht hätten erbracht werden dürfen oder zweckmäßiger oder wirtschaftlicher hätten eingesetzt werden können. Mit der Durchführung der Prüfungen können Dritte beauftragt werden.

(2) Das Prüfpersonal der Bundesagentur ist für die Zeit seiner Prüftätigkeit fachlich unmittelbar der Leitung der Dienststelle unterstellt, in der es beschäftigt ist.

(3) Der Vorstand legt die Berichte nach Absatz 1 unverzüglich dem Bundesministerium für Wirtschaft und Arbeit vor.

Kapitel 6
Datenübermittlung und Datenschutz

§ 50 Datenübermittlung

(1) Die Bundesagentur, die kommunalen Träger und die zugelassenen kommunalen Träger dürfen sich gegenseitig oder Dritten, die mit der Erfüllung von Aufgaben nach diesem Buch beauftragt sind, Sozialdaten übermitteln, soweit dies zur Erfüllung dieser Aufgaben erforderlich ist.

(2) (weggefallen)

§ 51 Erhebung, Verarbeitung und Nutzung von Sozialdaten durch nichtöffentliche Stellen

Die Träger der Leistungen nach diesem Buch dürfen abweichend von § 80 Abs. 5 des Zehnten Buches zur Erfüllung ihrer Aufgaben nach diesem Buch nichtöffentliche Stellen mit der Erhebung, Verarbeitung und Nutzung von Sozialdaten beauftragen, auch soweit die Speicherung der Daten den gesamten Datenbestand umfasst.

§ 51a Kundennummer

Jeder Person, die Leistungen nach diesem Gesetz bezieht, wird einmalig eine eindeutige, von der Bundesagentur oder im Auftrag der Bundesagen-

§ 51b

tur von den zugelassenen kommunalen Trägern vergebene Kundennummer zugeteilt. Die Kundennummer ist vom Träger der Grundsicherung für Arbeitsuchende als Identifikationsmerkmal zu nutzen und dient ausschließlich diesem Zweck sowie den Zwecken nach § 51b Abs. 4. Soweit vorhanden, ist die schon beim Vorbezug von Leistungen nach dem Dritten Buch vergebene Kundennummer der Bundesagentur zu verwenden. Die Kundennummer bleibt der jeweiligen Person auch zugeordnet, wenn sie den Träger wechselt. Bei erneuter Leistung nach längerer Zeit ohne Inanspruchnahme von Leistungen nach diesem Buch oder nach dem Dritten Buch wird eine neue Kundennummer vergeben. Diese Regelungen gelten entsprechend auch für Bedarfsgemeinschaften. Bei der Übermittlung der Daten verwenden die Träger eine eindeutige, von der Bundesagentur vergebene Trägernummer.

§ 51b Datenerhebung und -verarbeitung durch die Träger der Grundsicherung für Arbeitsuchende

(1) Die zuständigen Träger der Grundsicherung für Arbeitsuchende erheben laufend die sich bei der Durchführung der Grundsicherung für Arbeitsuchende ergebenden Daten über

1. die Empfänger von Leistungen nach diesem Gesetz, einschließlich aller Mitglieder von Bedarfsgemeinschaften,

2. die Art und Dauer der gewährten Leistungen und Maßnahmen sowie die Art der Eingliederung in den allgemeinen Arbeitsmarkt,

3. die Ausgaben und Einnahmen im Rahmen der Grundsicherung für Arbeitsuchende.

Die kommunalen Träger und die zugelassenen kommunalen Träger übermitteln der Bundesagentur die Daten nach Satz 1 als personenbezogene Datensätze unter Angabe der Kundennummer sowie der Nummer der Bedarfsgemeinschaft nach § 51a.

(2) Im Rahmen von Absatz 1 Nr. 1 und 2 sind Angaben über

1. Familien- und Vornamen; Anschrift; Familienstand; Geschlecht; Geburtsdatum; Staatsangehörigkeit, bei Ausländern auch der aufenthaltsrechtliche Status; Sozialversicherungsnummer, soweit bekannt; Stellung innerhalb der Bedarfsgemeinschaft; Zahl aller Mitglieder und Zusammensetzung nach Altersstruktur der Bedarfsgemeinschaft; Änderungen der Zusammensetzung der Bedarfsgemeinschaft; Zahl aller Haushaltsmitglieder; Art der gewährten Mehrbedarfszuschläge;

§ 51b

2. Datum der Antragstellung, Beginn und Ende, Art und Höhe der Leistungen und Maßnahmen an die einzelnen Leistungsempfänger (einschließlich der Leistungen nach § 16 Abs. 2 Satz 2 Nr. 1 bis 4), Anspruch und Bruttobedarf je Monat, anerkannte monatliche Bruttokaltmiete; Angaben zu Grund, Art und Umfang von Sanktionen nach den §§ 31 und 32 sowie von Anreizen nach den §§ 29 und 30; Beendigung der Hilfe auf Grund der Einstellung der Leistungen;

3. Art und Höhe der angerechneten Einkommen, übergegangenen Ansprüche und des Vermögens für alle Leistungsempfänger;

4. für 15- bis unter 65-jährige Leistungsempfänger zusätzlich zu den unter Nummer 1 und Nummer 2 genannten Merkmalen: höchster Schulabschluss an allgemein bildenden Schulen; höchster Berufsbildungs- bzw. Studienabschluss (Beruf); Angaben zur Erwerbsfähigkeit sowie zu Art und Umfang einer Erwerbsminderung; Zumutbarkeit der Arbeitsaufnahme oder Gründe, die einer Zumutbarkeit entgegenstehen; Beteiligung am Erwerbsleben einschließlich Art und Umfang der Erwerbstätigkeit; Arbeitssuche und Arbeitslosigkeit nach § 118 des Dritten Buches; Angaben zur Anwendung von § 65 Abs. 4

zu erheben und zu übermitteln.

(3) Im Rahmen von Absatz 1 Nr. 3 sind Art und Sitz der zuständigen Agentur für Arbeit, des zuständigen zugelassenen kommunalen Trägers oder des zuständigen kommunalen Trägers, Einnahmen und Ausgaben nach Höhe sowie Einnahme- und Leistungsarten zu erheben und zu übermitteln.

(4) Die nach den Absätzen 1 bis 3 erhobenen Daten können nur – unbeschadet auf sonstiger gesetzlicher Grundlagen bestehender Mitteilungspflichten – zu folgenden Zwecken verarbeitet und genutzt werden:

1. bei der zukünftigen Gewährung von Leistungen nach diesem und dem Dritten Buch an die von den Erhebungen betroffenen Personen,

2. bei Überprüfungen der Träger der Grundsicherung für Arbeitsuchende auf korrekte und wirtschaftliche Leistungserbringung sowie

3. bei der Erstellung von Statistiken und Eingliederungsbilanzen durch die Bundesagentur, der laufenden Berichterstattung und der Wirkungsforschung nach den §§ 53 bis 55.

(5) Die Bundesagentur regelt im Benehmen mit den kommunalen Spitzenverbänden auf Bundesebene den genauen Umfang der nach den Absätzen 1 bis 3 zu übermittelnden Informationen, einschließlich einer

Inventurmeldung, sowie die Fristen für deren Übermittlung. Sie regelt ebenso die zu verwendenden Systematiken, die Art der Übermittlung der Datensätze einschließlich der Datenformate, sowie Aufbau, Vergabe, Verwendung und Löschungsfristen von Kunden- und Bedarfsgemeinschaftsnummern nach § 51a.

§ 51c Verordnungsermächtigung

Das Bundesministerium für Wirtschaft und Arbeit wird ermächtigt, durch Rechtsverordnung grundsätzliche Festlegungen zu Art und Umfang der Datenübermittlungen nach § 51b, insbesondere zu Inhalten nach den Absätzen 2 und 3, vorzunehmen.

§ 52 Automatisierter Datenabgleich

(1) Die Bundesagentur darf Personen, die Leistungen nach diesem Buch beziehen, regelmäßig im Wege des automatisierten Datenabgleichs daraufhin überprüfen,

1. ob und in welcher Höhe und für welche Zeiträume von ihren Leistungen der Träger der gesetzlichen Unfall- oder Rentenversicherung bezogen werden oder wurden,

2. ob und in welchem Umfang Zeiten des Leistungsbezuges nach diesem Buch mit Zeiten einer Versicherungspflicht oder Zeiten einer geringfügigen Beschäftigung zusammentreffen,

3. ob und welche Daten nach § 45d Abs. 1 des Einkommensteuergesetzes an das Bundesamt für Finanzen übermittelt worden sind,

4. ob und in welcher Höhe ein Kapital nach § 12 Abs. 2 Nr. 2 nicht mehr dem Zweck einer geförderten zusätzlichen Altersvorsorge im Sinne des § 10a oder des Abschnitts XI des Einkommensteuergesetzes dient, und

5. ob und in welcher Höhe und für welche Zeiträume von ihren Leistungen der Träger der Sozialhilfe bezogen werden oder wurden.

(2) Zur Durchführung des automatisierten Datenabgleichs dürfen die Träger der Leistungen nach diesem Buch die folgenden Daten einer Person, die Leistungen nach diesem Gesetz bezieht, an die in Absatz 1 genannten Stellen übermitteln:

1. Name und Vorname,

2. Geburtsdatum und -ort,

3. Anschrift,

4. Sozialversicherungsnummer.

§ 53

(2a) Die Datenstelle der Rentenversicherungsträger darf als Vermittlungsstelle die nach den Absätzen 1 und 2 übermittelten Daten speichern und nutzen, soweit dies für die Datenabgleiche nach den Absätzen 1 und 2 erforderlich ist. Sie darf die Daten der Stammsatzdatei (§ 150 des Sechsten Buches) und der bei ihr für die Prüfung bei den Arbeitgebern geführten Datei (§ 28p Abs. 8 Satz 2 des Vierten Buches) nutzen, soweit die Daten für die Datenabgleiche erforderlich sind. Die nach Satz 1 bei der Datenstelle der Rentenversicherungsträger gespeicherten Daten sind unverzüglich nach Abschluss des Datenabgleichs zu löschen.

(3) Die den in Absatz 1 genannten Stellen überlassenen Daten und Datenträger sind nach Durchführung des Abgleichs unverzüglich zurückzugeben, zu löschen oder zu vernichten. Die Träger der Leistungen nach diesem Buch dürfen die ihnen übermittelten Daten nur zur Überprüfung nach Absatz 1 nutzen. Die übermittelten Daten der Personen, bei denen die Überprüfung zu keinen abweichenden Feststellungen führt, sind unverzüglich zu löschen.

(4) Das Bundesministerium für Wirtschaft und Arbeit wird ermächtigt, durch Rechtsverordnung im Einvernehmen mit dem Bundesministerium für Gesundheit und Soziale Sicherung das Nähere über das Verfahren des automatisierten Datenabgleichs und die Kosten des Verfahrens zu regeln; dabei ist vorzusehen, dass die Zuleitung an die Auskunftsstellen durch eine zentrale Vermittlungsstelle (Kopfstelle) zu erfolgen hat, deren Zuständigkeitsbereich zumindest das Gebiet eines Bundeslandes umfasst.

Kapitel 7
Statistik und Forschung

§ 53 Statistik

(1) Die Bundesagentur erstellt aus den bei der Durchführung der Grundsicherung für Arbeitsuchende von ihr nach § 51b erhaltenen und den ihr von den kommunalen Trägern und den zugelassenen kommunalen Trägern nach § 51b übermittelten Daten Statistiken. Sie übernimmt die laufende Berichterstattung und bezieht die Leistungen nach diesem Buch in die Arbeitsmarkt- und Berufsforschung ein. Die §§ 280, 281 und 282a des Dritten Buches gelten entsprechend.

(2) Das Bundesministerium für Wirtschaft und Arbeit kann Art und Umfang sowie Tatbestände und Merkmale der Statistiken und der Berichterstattung näher bestimmen.

§§ 54–56

(3) Die Bundesagentur legt die Statistiken nach Absatz 1 dem Bundesministerium für Wirtschaft und Arbeit vor und veröffentlicht sie in geeigneter Form. Sie gewährleistet, dass auch kurzfristigem Informationsbedarf des Bundesministeriums für Wirtschaft und Arbeit entsprochen werden kann.

§ 54 Eingliederungsbilanz

Jede Agentur für Arbeit erstellt für die Leistungen zur Eingliederung in Arbeit eine Eingliederungsbilanz. § 11 des Dritten Buches gilt entsprechend. Soweit einzelne Maßnahmen nicht unmittelbar zur Eingliederung in Arbeit führen, sind von der Bundesagentur andere Indikatoren zu entwickeln, die den Integrationsfortschritt der erwerbsfähigen Hilfebedürftigen in geeigneter Weise abbilden.

§ 55 Wirkungsforschung

Die Wirkungen der Leistungen zur Eingliederung und der Leistungen zur Sicherung des Lebensunterhalts sind regelmäßig und zeitnah zu untersuchen und in die Arbeitsmarkt- und Berufsforschung nach § 282 des Dritten Buches einzubeziehen. Das Bundesministerium für Wirtschaft und Arbeit und die Bundesagentur können in Vereinbarungen Einzelheiten der Wirkungsforschung festlegen. Soweit zweckmäßig, können Dritte mit der Wirkungsforschung beauftragt werden.

Kapitel 8
Mitwirkungspflichten

§ 56 Anzeige- und Bescheinigungspflicht bei Arbeitsunfähigkeit

Erwerbsfähige Hilfebedürftige, die Leistungen zur Sicherung des Lebensunterhalts beantragt haben oder beziehen, sind verpflichtet, der Agentur für Arbeit

1. eine eingetretene Arbeitsunfähigkeit und deren voraussichtliche Dauer unverzüglich anzuzeigen und

2. spätestens vor Ablauf des dritten Kalendertages nach Eintritt der Arbeitsunfähigkeit eine ärztliche Bescheinigung über die Arbeitsunfähigkeit und deren voraussichtliche Dauer vorzulegen.

§§ 57–59

Die Agentur für Arbeit ist berechtigt, die Vorlage der ärztlichen Bescheinigung früher zu verlangen. Dauert die Arbeitsunfähigkeit länger als in der Bescheinigung angegeben, so ist der Agentur für Arbeit eine neue ärztliche Bescheinigung vorzulegen. Die Bescheinigungen müssen einen Vermerk des behandelnden Arztes darüber enthalten, dass dem Träger der Krankenversicherung unverzüglich eine Bescheinigung über die Arbeitsunfähigkeit mit Angaben über den Befund und die voraussichtliche Dauer der Arbeitsunfähigkeit übersandt wird.

§ 57 Auskunftspflicht von Arbeitgebern

Arbeitgeber haben der Agentur für Arbeit auf deren Verlangen Auskunft über solche Tatsachen zu geben, die für die Entscheidung über einen Anspruch auf Leistungen nach diesem Buch erheblich sein können; die Agentur für Arbeit kann hierfür die Benutzung eines Vordrucks verlangen. Die Auskunftspflicht erstreckt sich auch auf Angaben über das Ende und den Grund für die Beendigung des Beschäftigungsverhältnisses.

§ 58 Einkommensbescheinigung

(1) Wer jemanden, der laufende Geldleistungen nach diesem Buch beantragt hat oder bezieht, gegen Arbeitsentgelt beschäftigt oder ihm gegen Vergütung eine selbständige Tätigkeit überträgt, ist verpflichtet, diesem unverzüglich Art und Dauer dieser Erwerbstätigkeit sowie die Höhe des Arbeitsentgelts oder der Vergütung für die Zeiten zu bescheinigen, für die diese Leistung beantragt worden ist oder bezogen wird. Dabei ist der von der Agentur für Arbeit vorgesehene Vordruck zu benutzen. Die Bescheinigung ist demjenigen, der die Leistung beantragt hat oder bezieht, unverzüglich auszuhändigen.

(2) Wer eine laufende Geldleistung nach diesem Buch beantragt hat oder bezieht und Dienst- oder Werkleistungen gegen Vergütung erbringt, ist verpflichtet, dem Dienstberechtigten oder Besteller den für die Bescheinigung des Arbeitsentgelts oder der Vergütung vorgeschriebenen Vordruck unverzüglich vorzulegen.

§ 59 Meldepflicht

Die Vorschriften über die allgemeine Meldepflicht, § 309 des Dritten Buches, und über die Meldepflicht bei Wechsel der Zuständigkeit, § 310 des Dritten Buches, sind entsprechend anzuwenden.

§ 60 Auskunftspflicht und Mitwirkungspflicht Dritter

(1) Wer jemanden, der Leistungen nach diesem Buch beantragt hat oder bezieht, Leistungen erbringt, die geeignet sind, diese Leistungen nach diesem Buch auszuschließen oder zu mindern, hat der Agentur für Arbeit auf Verlangen hierüber Auskunft zu erteilen, soweit es zur Durchführung der Aufgaben nach diesem Buch erforderlich ist.

(2) Wer jemandem, der eine Leistung nach diesem Buch beantragt hat oder bezieht, zu Leistungen verpflichtet ist, die geeignet sind, Leistungen nach diesem Buch auszuschließen oder zu mindern, oder wer für ihn Guthaben führt oder Vermögensgegenstände verwahrt, hat der Agentur für Arbeit auf Verlangen hierüber sowie über damit im Zusammenhang stehendes Einkommen oder Vermögen Auskunft zu erteilen, soweit es zur Durchführung der Aufgaben nach diesem Buch erforderlich ist. § 21 Abs. 3 Satz 4 des Zehnten Buches gilt entsprechend. Für die Feststellung einer Unterhaltsverpflichtung ist § 1605 Abs. 1 des Bürgerlichen Gesetzbuchs anzuwenden.

(3) Wer jemanden, der

1. Leistungen nach diesem Buch beantragt hat oder bezieht oder dessen Partner oder

2. nach Absatz 2 zur Auskunft verpflichtet ist,

beschäftigt, hat der Agentur für Arbeit auf Verlangen über die Beschäftigung, insbesondere über das Arbeitsentgelt, Auskunft zu erteilen, soweit es zur Durchführung der Aufgaben nach diesem Buch erforderlich ist.

(4) Sind Einkommen oder Vermögen des Partners zu berücksichtigen, haben

1. dieser Partner,

2. Dritte, die für diesen Partner Guthaben führen oder Vermögensgegenstände verwahren,

der Agentur für Arbeit auf Verlangen hierüber Auskunft zu erteilen, soweit es zur Durchführung der Aufgaben nach diesem Buch erforderlich ist. § 21 Abs. 3 Satz 4 des Zehnten Buches gilt entsprechend.

(5) Wer jemanden, der Leistungen nach diesem Buch beantragt hat, bezieht oder bezogen hat, beschäftigt oder ihm gegen Vergütung eine

selbständige Tätigkeit überträgt, hat der Agentur für Arbeit auf Verlangen Einsicht in Geschäftsbücher, Geschäftsunterlagen und Belege sowie in Listen, Entgeltverzeichnisse und Entgeltbelege für Heimarbeiter zu gewähren, soweit es zur Durchführung der Aufgaben nach diesem Buch erforderlich ist.

§ 61 Auskunftspflichten bei Leistungen zur Eingliederung in Arbeit

(1) Träger, die eine Leistung zur Eingliederung in Arbeit erbracht haben oder erbringen, haben der Agentur für Arbeit unverzüglich Auskunft über Tatsachen zu erteilen, die Aufschluss darüber geben, ob und inwieweit Leistungen zu Recht erbracht worden sind oder werden. Sie haben Änderungen, die für die Leistungen erheblich sind, unverzüglich der Agentur für Arbeit mitzuteilen.

(2) Die Teilnehmer an Maßnahmen zur Eingliederung sind verpflichtet,

1. der Agentur für Arbeit auf Verlangen Auskunft über den Eingliederungserfolg der Maßnahme sowie alle weiteren Auskünfte zu erteilen, die zur Qualitätsprüfung benötigt werden, und

2. eine Beurteilung ihrer Leistung und ihres Verhaltens durch den Maßnahmeträger zuzulassen.

Die Maßnahmeträger sind verpflichtet, ihre Beurteilungen des Teilnehmers unverzüglich der Agentur für Arbeit zu übermitteln.

§ 62 Schadenersatz

Wer vorsätzlich oder fahrlässig

1. eine Einkommensbescheinigung nicht, nicht richtig oder nicht vollständig ausfüllt,

2. eine Auskunft nach § 57 oder § 60 nicht, nicht richtig oder nicht vollständig erteilt,

ist zum Ersatz des daraus entstehenden Schadens verpflichtet.

Kapitel 9
Bußgeldvorschriften

§ 63 Bußgeldvorschriften

(1) Ordnungwidrig handelt, wer vorsätzlich oder fahrlässig

1. entgegen § 57 Satz 1 eine Auskunft nicht, nicht richtig, nicht vollständig oder nicht rechtzeitig erteilt,
2. entgegen § 58 Abs. 1 Satz 1 oder 3 Art oder Dauer der Erwerbstätigkeit oder die Höhe des Arbeitsentgelts oder der Vergütung nicht, nicht richtig, nicht vollständig oder nicht rechtzeitig bescheinigt oder eine Bescheinigung nicht oder nicht rechtzeitig aushändigt,
3. entgegen § 58 Abs. 2 einen Vordruck nicht oder nicht rechtzeitig vorlegt,
4. entgegen § 60 Abs. 1, 2 Satz 1, Abs. 3 oder 4 Satz 1 oder als privater Träger entgegen § 61 Abs. 1 Satz 1 eine Auskunft nicht, nicht richtig, nicht vollständig oder nicht rechtzeitig erteilt,
5. entgegen § 60 Abs. 5 Einsicht nicht oder nicht rechtzeitig gewährt oder
6. entgegen § 60 Abs. 1 Satz 1 Nr. 2 des Ersten Buches eine Änderung in den Verhältnissen, die für einen Anspruch auf eine laufende Leistung erheblich ist, nicht, nicht richtig, nicht vollständig oder nicht rechtzeitig mitteilt.

(2) Die Ordnungwidrigkeit kann in den Fällen des Absatzes 1 Nr. 6 mit einer Geldbuße bis zu fünftausend Euro, in den übrigen Fällen mit einer Geldbuße bis zu zweitausend Euro geahndet werden.

Kapitel 10
Bekämpfung von Leistungsmissbrauch

§ 64 Zuständigkeit

(1) Für die Bekämpfung von Leistungsmissbrauch gilt § 319 des Dritten Buches entsprechend.

(2) Verwaltungsbehörde im Sinne des § 36 Abs. 1 Nr. 1 des Gesetzes über Ordnungswidrigkeiten sind in den Fällen

1. des § 63 Abs. 1 Nr. 1 bis 5 die Bundesagentur,
2. des § 63 Abs. 1 Nr. 6 die Bundesagentur und die Behörden der Zollverwaltung jeweils für ihren Geschäftsbereich.

Kapitel 11
Übergangs- und Schlussvorschriften

§ 65 Allgemeine Übergangsvorschriften

(1) Die Träger von Leistungen nach diesem Buch sollen ab 1. Oktober 2004 bei erwerbsfähigen Hilfebedürftigen, die Arbeitslosenhilfe, Eingliederungshilfe für Spätaussiedler oder Sozialhilfe beziehen, und den mit ihnen in einer Bedarfsgemeinschaft lebenden Personen die für die Erbringung von Leistungen zur Sicherung des Lebensunterhalts nach diesem Buch ab 1. Januar 2005 erforderlichen Angaben erheben. Sie können die Angaben nach Satz 1 bereits ab 1. August 2004 erheben. § 60 des Ersten Buches gilt entsprechend.

(2) Die Bundesagentur qualifiziert Mitarbeiter für die Wahrnehmung der Aufgaben nach diesem Buch.

(3) § 40 Abs. 2 Satz 2 gilt entsprechend, wenn neben der Leistung nach § 19 Satz 1 Nr. 1 und Satz 2 sowie § 28 Wohngeld nach dem Wohngeldgesetz geleistet wurde.

(4) Abweichend von § 2 haben auch erwerbsfähige Hilfebedürftige Anspruch auf Leistungen zur Sicherung des Lebensunterhaltes, die das 58. Lebensjahr vollendet haben und die Regelvoraussetzungen des Anspruchs auf Leistungen zur Sicherung des Lebensunterhalts allein deshalb nicht erfüllen, weil sie nicht arbeitsbereit sind und nicht alle Möglichkeiten nutzen und nutzen wollen, ihre Hilfebedürftigkeit durch Aufnahme einer Arbeit zu beenden. Vom 1. Januar 2006 an gilt Satz 1 nur noch, wenn der Anspruch vor dem 1. Januar 2006 entstanden ist und der erwerbsfähige Hilfebedürftige vor diesem Tag das 58. Lebensjahr vollendet hat. § 428 des Dritten Buches gilt entsprechend.

(5) § 12 Abs. 2 Nr. 1 gilt mit der Maßgabe, dass für die in § 4 Abs. 2 Satz 2 der Arbeitslosenhilfe-Verordnung vom 13. Dezember 2001 (BGBl. I S. 3734) in der Fassung vom 31. Dezember 2004 genannten Personen an die Stelle des Grundfreibetrags in Höhe von 200 Euro je vollendetem Lebensjahr ein Freibetrag von 520 Euro, an die Stelle des Höchstfreibetrags in Höhe von jeweils 13 000 Euro ein Höchstfreibetrag in Höhe von 33 800 Euro tritt.

(6) § 15 Abs. 1 Satz 2 gilt bis zum 31. Dezember 2006 mit der Maßgabe, dass die Eingliederungsvereinbarung für bis zu zwölf Monate geschlossen werden soll.

§ 65a Übergang zu den Leistungen zur Sicherung des Lebensunterhalts

(1) Sofern eine Arbeitsgemeinschaft der für den erwerbsfähigen Hilfebedürftigen zuständigen Agentur für Arbeit und des kommunalen Trägers nicht errichtet ist oder der kommunale Träger die Wahrnehmung seiner Aufgaben nicht auf die Arbeitsgemeinschaft übertragen hat, werden vor dem 1. Januar 2005 gestellte Anträge auf Leistungen zur Sicherung des Lebensunterhalts für erwerbsfähige Hilfebedürftige und die mit ihnen in einer Bedarfsgemeinschaft lebenden Personen erstmals bewilligt

1. durch den zuständigen kommunalen Träger für Personen, die in der Zeit vom 1. Oktober bis 31. Dezember 2004 für mindestens einen Tag Hilfe zum Lebensunterhalt nach dem Bundessozialhilfegesetz bezogen haben,

2. in den übrigen Fällen durch die zuständige Agentur für Arbeit.

Die Bewilligung erfolgt auch für den anderen Leistungsträger, wenn dieser zugestimmt hat. Der Leistungsträger, der den ersten Bescheid erteilt hat, übermittelt dem zuständigen Leistungsträger unverzüglich eine Ausfertigung des Leistungsbescheides und die vollständigen Antragsunterlagen; er zahlt die Leistung für den zuständigen Leistungsträger aus und rechnet in einem vereinfachten Verfahren ab. Das Verfahren der Zustimmung kann zwischen beiden Leistungsträgern vereinbart werden; kommt eine Vereinbarung nicht zu Stande, gilt die Zustimmung des anderen Leistungsträgers als erteilt, wenn er nicht innerhalb von zwei Wochen nach Zugang der Unterrichtung über den beabsichtigten ersten Bescheid die Versagung der Zustimmung mitteilt. Versagt der zuständige Leistungsträger die Zustimmung, erfolgt die Bewilligung der Anträge auf Leistungen zur Sicherung des Lebensunterhalts und die Auszahlung der Leistung durch den zuständigen Leistungsträger.

(2) Der erste Bewilligungsbescheid von Leistungen zur Sicherung des Lebensunterhalts soll dem Empfänger bis zum 10. Dezember 2004 zugehen; die erste Bewilligung soll unter Berücksichtigung der Umstände des Einzelfalles für drei bis neun Monate erfolgen.

§ 65b Übergang zu den Leistungen zur Eingliederung in Arbeit

(1) Sofern eine Arbeitsgemeinschaft der für den erwerbsfähigen Hilfebedürftigen zuständigen Agentur für Arbeit und des kommunalen Trägers

nicht errichtet ist oder der kommunale Träger die Wahrnehmung seiner Aufgaben nicht auf die Arbeitsgemeinschaft übertragen hat, können Träger der Sozialhilfe, die nach dem 31. Juli 2004

1. einem erwerbsfähigen Hilfebedürftigen Leistungen zur Eingliederung in Arbeit nach dem Bundessozialhilfegesetz erbringen oder

2. mit Dritten die Erbringung von Leistungen der Hilfe zur Arbeit vereinbaren,

die zuständige Agentur für Arbeit oder den zugelassenen kommunalen Träger mit deren oder dessen Zustimmung verpflichten, diese Maßnahme bis längstens 31. Dezember 2005 als Leistung zur Eingliederung in Arbeit fortzuführen; § 134 des Zwölften Buches bleibt unberührt. Einzelheiten des Zustimmungsverfahrens können zwischen den Leistungsträgern vereinbart werden; kommt eine Vereinbarung nicht zu Stande, gilt die Zustimmung als erteilt, wenn die Agentur für Arbeit oder der zugelassene kommunale Träger nicht innerhalb von zwei Wochen nach Zugang der Unterrichtung die Versagung der Zustimmung mitteilt. Der Träger der Sozialhilfe übermittelt der Agentur für Arbeit oder dem zugelassenen kommunalen Träger eine Ausfertigung des Bescheides.

(2) Die Agenturen für Arbeit dürfen Aufträge des zugelassenen kommunalen Trägers, in der Zeit bis zum 30. Juni 2005 ihm obliegende Aufgaben der Eingliederung in Arbeit für Einzelfälle oder für gleichartige Fälle wahrzunehmen, nur aus wichtigem Grund ablehnen.

§ 65c Übergang bei verminderter Leistungsfähigkeit

In Fällen, in denen am 31. Dezember 2004

1. Arbeitslosenhilfe auf Grund von § 198 Satz 2 Nr. 3 in Verbindung mit § 125 des Dritten Buches erbracht wurde oder

2. über den Antrag auf Rente wegen Erwerbsminderung eines Empfängers von Hilfe zum Lebensunterhalt nach dem Bundessozialhilfegesetz, der das 15. Lebensjahr vollendet und das 65. Lebensjahr noch nicht vollendet hat, noch nicht entschieden ist,

gilt die Einigungsstelle nach § 44a Satz 2 und § 45 am 1. Januar 2005 als angerufen.

§ 65d Übermittlung von Daten

(1) Der Träger der Sozialhilfe und die Agentur für Arbeit machen dem zuständigen Leistungsträger auf Verlangen die bei ihnen vorhandenen Unterlagen über die Gewährung von Leistungen für Personen, die Leistungen der Grundsicherung für Arbeitsuchende beantragt haben oder beziehen, zugänglich, soweit deren Kenntnis im Einzelfall für die Erfüllung der Aufgaben nach diesem Buch erforderlich ist.

(2) Die Bundesagentur erstattet den Trägern der Sozialhilfe die Sachkosten, die ihnen durch das Zugänglichmachen von Unterlagen entstehen; eine Pauschalierung ist zulässig.

§ 65e Fortwirken von Vereinbarungen und Verwaltungsakten; Forderungsübergang

(1) Soweit die zweckentsprechende Verwendung von Leistungen zur Sicherung des Lebensunterhalts nicht sichergestellt ist, kann das Arbeitslosengeld II ganz oder teilweise auf Grund von am 31. Dezember 2004 wirksamen Vereinbarungen oder Verwaltungsakten bis 30. Juni 2005 weiterhin an den Vermieter oder andere Empfangsberechtigte gezahlt werden.

(2) Entscheidungen der Agentur für Arbeit über den Eintritt einer Sperrzeit oder einer Säumniszeit beim Arbeitslosengeld und bei der Arbeitslosenhilfe und Entscheidungen des Trägers der Sozialhilfe über eine Minderung der Hilfe zum Lebensunterhalt wirken bei den Leistungen zur Sicherung des Lebensunterhalts mit der Maßgabe fort, dass für die Höhe der Absenkung § 31 Abs. 1 und 2 entsprechend anzuwenden ist.

§ 66 Verordnungsermächtigung

Das Bundesministerium für Wirtschaft und Arbeit wird ermächtigt, im Einvernehmen mit dem Bundesministerium der Finanzen und dem Bundesministerium für Gesundheit und Soziale Sicherung durch Rechtsverordnung

1. Einzelheiten des Übergangs von den Trägern der Sozialhilfe auf die Bundesagentur festzulegen,

2. den Mindestinhalt von Vereinbarungen der Agenturen für Arbeit mit den Trägern der Sozialhilfe über den Übergang festzulegen.

Anlage
(zu § 46 Abs. 9)

Überprüfungs- und Anpassungskriterien

Der Anteil des Bundes nach § 46 Abs. 5 entspricht dem Hundertfachen des Quotienten aus dem zusätzlichen Kompensationsbedarf der Kommunen, der notwendig ist, um eine jährliche Entlastung der Kommunen um 2,5 Milliarden Euro sicherzustellen, einerseits (Zähler) und den Leistungen der Kommunen für Unterkunft und Heizung nach § 22 Abs. 1 andererseits (Nenner).

Der zusätzliche Kompensationsbedarf der Kommunen (Zähler) ergibt sich als Differenz aus der Summe eines Betrages von 2,5 Milliarden Euro und der Belastungen der Kommunen durch das Vierte Gesetz für moderne Dienstleistungen am Arbeitsmarkt einerseits und der Summe der sich aus ihm ergebenden Entlastungen der Kommunen und der sich aus ihm ergebenden Einsparungen der Länder andererseits.

Bei der Überprüfung des Anteils des Bundes sind statistische Daten zu Grunde zu legen, die sich aus dem laufenden Verwaltungsvollzug dieses Gesetzes ergeben. Solange und soweit solche Daten nicht verfügbar sind, ist auf andere statistische Quellen zurückzugreifen. Die Angemessenheit der Verwendung dieser anderen Quellen ist zu überprüfen, sobald Daten aus dem laufenden Verwaltungsvollzug vorliegen.

Die Überprüfung zum 1. März 2005 erfolgt, soweit die oben genannten Datenquellen noch nicht verfügbar sind, anhand der durchschnittlichen Zahl der Bezieher von Arbeitslosenhilfe im Jahre 2004, der Einkommens- und Verbrauchstichprobe nach § 1 Nr. 2 des Gesetzes über die Statistik der Wirtschaftsrechnungen privater Haushalte, der Sozialhilfestatistik, der Wohngeldstatistik und der Statistik nach § 8 des Gesetzes über eine bedarfsorientierte Grundsicherung im Alter und bei Erwerbsminderung des Jahres 2003.

Die Überprüfung erfolgt anhand folgender Faktoren:

A. Belastungen der Kommunen

1. Leistungen für Unterkunft und Heizung nach § 22 und Leistungen nach § 23 Abs. 3 dieses Gesetzes.

2. Leistungen nach § 16 Abs. 2 Satz 2 Nr. 1 bis 4 dieses Gesetzes (Eingliederungsleistungen), soweit diese in der Eingliederungsvereinbarung

Anlage

enthalten sind, nicht auf anderen, vorrangigen gesetzlichen Regelungen beruhen sowie die im Zusammenhang mit § 17 des Bundessozialhilfegesetzes in der bis zum 31. Dezember 2004 geltenden Fassung erbrachten Leistungen übersteigen.

3. Aufwendungen für Personal und Sachmittel zur Durchführung der in den Nummern 1 und 2 genannten Leistungen, soweit diese einen Betrag von 260 Millionen Euro übersteigen.

4. Leistungen für Unterkunft und Heizung nach § 29 des Zwölften Buches, soweit auf diese Leistungen nach dem Wohngeldgesetz in der bis zum 31. Dezember 2004 geltenden Fassung ein Anspruch bestanden hätte.

Als Schätzgröße für diese Aufwendungen ist zu verwenden: das Produkt aus der Zahl der Bedarfsgemeinschaften, die Leistungen nach § 29 des Zwölften Buches erhalten, und dem durchschnittlichen pauschalierten Wohngeld eines Einpersonenhaushalts, das aus der Wohngeldstatistik des Jahres 2004 ermittelt und für das jeweilige Jahr mit dem Verbraucherpreisindex für Wohnungsmiete, Wasser, Strom, Gas und andere Brennstoffe des Statistischen Bundesamtes fortgeschrieben wird. Die Angemessenheit des Bezugs auf einen Einpersonenhaushalt ist anhand von Daten aus dem Verwaltungsvollzug zu überprüfen.

B. Entlastungen der Kommunen

1. Nettoaufwendungen der Kommunen für erwerbsfähige Hilfebedürftige und die mit diesen in einer Bedarfsgemeinschaft lebenden Personen nach dem Bundessozialhilfegesetz in der bis zum 31. Dezember 2004 geltenden Fassung für Hilfe zum Lebensunterhalt nach Abschnitt 2 (insbesondere laufende und einmalige Leistungen, Übernahme von Kranken- und Pflegeversicherungsbeiträgen, Kosten der Alterssicherung, ohne Hilfe zur Arbeit) und Krankenhilfe nach Abschnitt 3.

Als Schätzgröße für diese Aufwendungen ist zu verwenden: das Produkt aus der (fiktiven) Zahl der Bedarfsgemeinschaften, die Leistungen nach dem Bundessozialhilfegesetz in der bis zum 31. Dezember 2004 geltenden Fassung bezogen hätten, und den durchschnittlichen Nettoaufwendungen je Bedarfsgemeinschaft mit erwerbsfähigen Sozialhilfeempfängern aus der Sozialhilfestatistik zum 31. Dezember 2004, fortgeschrieben mit dem Gesamtindex der Verbraucherpreise des Statistischen Bundesamtes, wobei berücksichtigt wird, in welchem Um-

Anlage

fang die durchschnittlichen Nettoaufwendungen je Bedarfsgemeinschaft mit erwerbsfähigen Sozialhilfeempfängern die durchschnittlichen Nettoaufwendungen je Bedarfsgemeinschaft mit nicht erwerbsfähigen Sozialhilfeempfängern übersteigen.

Zur Bestimmung dieser Aufwendungen ist als Schätzgröße für die (fiktive) Zahl der Bedarfsgemeinschaften, die Leistungen nach dem Bundessozialhilfegesetz in der bis zum 31. Dezember 2004 geltenden Fassung bezogen hätten, zu verwenden: die Summe der Zahl der Bedarfsgemeinschaften, die Leistungen nach diesem Gesetz erhalten und vor dem Bezug dieser Leistungen kein Arbeitslosengeld nach dem Dritten Buch bezogen haben, sowie die Summe der Zahl derjenigen Bedarfsgemeinschaften, die neben Leistungen nach dem Bundessozialhilfegesetz in der bis zum 31. Dezember 2004 geltenden Fassung auch Entgeltersatzleistungen nach dem Dritten Buch Sozialgesetzbuch in der bis zum 31. Dezember 2004 geltenden Fassung erhalten hätten (Doppelbezieher).

Als Schätzgröße für die Zahl der zu berücksichtigenden Doppelbezieher ist zu verwenden: die Zahl der Doppelbezieher aus der Sozialhilfestatistik zum 31. Dezember 2004, fortgeschrieben mit der Entwicklung der Zahl der Bedarfsgemeinschaften, die Arbeitslosenhilfe nach dem Dritten Buch in der bis zum 31. Dezember 2004 geltenden Fassung erhalten hätten.

2. Aufwendungen der Kommunen in Höhe von 1,15 Milliarden Euro für Hilfe zur Arbeit für erwerbsfähige Hilfebedürftige nach Abschnitt 2 Unterabschnitt 2 des Bundessozialhilfegesetzes in der bis zum 31. Dezember 2004 geltenden Fassung.

3. Aufwendungen der Kommunen für Personal und Sachmittel zur Durchführung der in den Nummern 1 und 2 genannten Leistungen.

Als Schätzgröße für diese Aufwendungen ist zu verwenden: das Produkt aus der (fiktiven) Zahl der Bedarfsgemeinschaften (einschließlich Doppelbezieher), die Leistungen nach dem Bundessozialhilfegesetz in der bis zum 31. Dezember 2004 geltenden Fassung bezogen hätten, und den jahresdurchschnittlichen Personal- und Sachmittelaufwendungen je Bedarfsgemeinschaft für das Jahr 2005 in Höhe von 919 Euro, fortgeschrieben mit der jahresdurchschnittlichen Steigerungsrate der Personalkosten im öffentlichen Dienst. Die Höhe der angenommenen jahresdurchschnittlichen Personal- und Sachmittelaufwendungen je Bedarfsgemeinschaft ist anhand von Daten aus dem Verwaltungsvollzug zu überprüfen.

Anlage

C. Entlastung der Länder

1. Entlastungen der Länder durch die Änderung des Wohngeldgesetzes im Vierten Gesetz für moderne Dienstleistungen am Arbeitsmarkt.

   Als Schätzgröße für die Ermittlung dieser Entlastung ist zu verwenden: die Hälfte der Summe aus der Schätzgröße für die Leistungen für Unterkunft und Heizung nach § 29 des Zwölften Buches Sozialgesetzbuch, soweit auf diese Leistungen nach dem Wohngeldgesetz in der bis zum 31. Dezember 2004 geltenden Fassung ein Anspruch bestanden hätte, sowie dem Produkt aus der Zahl der Bedarfsgemeinschaften, die Leistungen nach diesem Gesetz erhalten, und dem durchschnittlichen pauschalierten Wohngeld, das aus der Wohngeldstatistik des Jahres 2004 ermittelt, mit dem Faktor 0,67 verringert und für das jeweilige Jahr mit dem Verbraucherpreisindex für Wohnungsmiete, Wasser, Strom, Gas und andere Brennstoffe des Statistischen Bundesamtes fortgeschrieben wird.

2. Eingliederungsleistungen an Bezieher von Hilfe zum Lebensunterhalt in Höhe von 200 Millionen Euro.

Findex
(Einführung)

Absenkung 35
Alleinerziehende 15, 39
Angemessener Wohnraum 16
Anspruchsberechtigte Personen 21
Anspruchsvoraussetzungen 21
Arbeitsbeschaffungsmaßnahmen 19
Arbeitsgelegenheit 12, 27
Arbeitslosengeld II 9, 14, 29
Arbeitsunfähigkeit 34
Ausbildungsplatz 20
Ausländer 21, 36

Bedarfsgemeinschaft 14, 21, 23
Befristeter Zuschlag 17
Behinderte 20
Beratung 19
Berufsausbildung 34
Beschäftigungsort 27
Bestandsschutz 27
Bewerbungskosten 19
Bruttoeinnahmen 30

Darlehen 15, 17, 34

Eheähnliche Gemeinschaft 22
Ehegatte 22
Eigenbemühungen 13
Eigenverantwortung 11
Ein-Euro-Jobs 12, 27

Eingliederungshilfen 19
Eingliederungsleistungen 18
Eingliederungsvereinbarung 11
Eingliederungszuschuss 19
Einkommen 29
Einmalige Einnahmen 30
Einmalleistungen 15
Einstiegsgeld 20
Eltern 39
Entschädigung für Mehraufwendungen 12
Erstausstattung 15
Erwerbsfähigkeit 9, 21, 23
Erwerbstätigenfreibetrag 30

Fallmanager 12, 20

Gemeinnützige Arbeit 12
Gewöhnlicher Aufenthalt 21
Großeltern 39
Grundfreibetrag 33
Grundsatz des Forderns 11
Grundsatz des Förderns 11
Grundstücke 31

Haushaltsgemeinschaft 23
Hausrat 31
Heizung 16
Hilfebedürftigkeit 9, 21, 23
Höchsteinkommensgrenze 39

Integrationskurs 36

Findex

Kinder 14
Kinderbetreuung 20
Kindererziehung 26
Kindergeld 29
Kinderzuschlag 38
Klassenfahrten 15
Kommunale Träger 36
Kraftfahrzeug 31
Krankengeld 34
Krankenversicherung 34
Kürzungen 35

Lebensmittelgutscheine 36
Lebenspartner 22
Lebensversicherungen 31
Leistungen zur Eingliederung 18
Leistungsbeschränkungen 35

Mehraufwandsentschädigung 27
Mehraufwendungen 12
Mehrbedarfe 15
Mindestbedarf 39
Mindesteinkommensgrenze 39
Mobilitätshilfen 19

Nachranggrundsatz 23
Notwendige Anschaffungen 33

Ombudsrat 37

Partner 12
Pauschale 15
Pendelzeiten 27
Pflege 20, 27
Pflegeeltern 39
Psychosoziale Betreuung 20

Regelleistung 14
Rentenversicherung 34
Riester-Rente 30, 33

Sachleistung 15
Sanktionen 35
Schuldnerberatung 20
Sicherung des Lebensunterhalts 14
Soziale Absicherung 34
Sozialgeld 9, 14, 21, 29
Sozialhilfe 9
Sozialversicherungsbeiträge 30
Sparguthaben 31
Sprachkurs 36
Steuern 30
Suchtberatung 20

Träger 36
Trainingsmaßnahmen 19

Umzugskosten 17
Unterhaltsgeld 19
Unterhaltsvorschuss 30
Unterkunft 16

Verkehrswert 34
Vermittlung 19
Vermittlungsgutschein 19
Versicherungen 30
Verwertbarkeit 31

Weiterbildung 19
Werbungskosten 30
Werdende Mütter 15
Wohngeld 17
Wohnungsbeschaffungskosten 17
Wohnungsgröße 16

Zuflussprinzip 30
Zumutbarkeit 26